여러분의 합격을 응원하는
해커스공무원의 특별 혜택

FREE 공무원 국어 **동영상강의**

해커스공무원(gosi.Hackers.com) 접속 후 로그인
▶ 상단의 [무료강좌] 클릭
▶ [교재 무료특강] 클릭하여 이용

FREE 군무원 국어 **동영상강의**

해커스군무원(army.Hackers.com) 접속 후 로그인
▶ 상단의 [무료특강 → 군무원 무료특강] 또는
[무료특강 → 교재 무료특강] 클릭하여 이용

해커스 매일국어 **어플 이용권**

V2XOC6YODMYVITK5

구글 플레이스토어/애플 앱스토어에서 [해커스 매일국어] 검색 ▶
어플 다운로드 ▶ 어플 이용 시 노출되는 쿠폰 입력란 클릭 ▶
쿠폰번호 입력 후 이용

▲ 어플 다운로드

* 등록 후 30일간 사용 가능
* 해당 자료는 [해커스공무원 국어 기본서] 교재 내용으로 제공되는 자료로, 공무원 시험 대비에 도움이 되는 유용한 자료입니다.

공무원+군무원 온라인 단과강의 **20% 할인쿠폰**

7C664B5B73A9BGRT

해커스공무원(gosi.Hackers.com) 접속 후 로그인 ▶ 상단의 [나의 강의실] 클릭 ▶
좌측의 [쿠폰등록] 클릭 ▶ 위 쿠폰번호 입력 후 이용

*이용기한: 등록 후 7일간 사용 가능

쿠폰 이용 관련 문의 **1588-4055**

단기 합격을 위한
해커스 커리큘럼

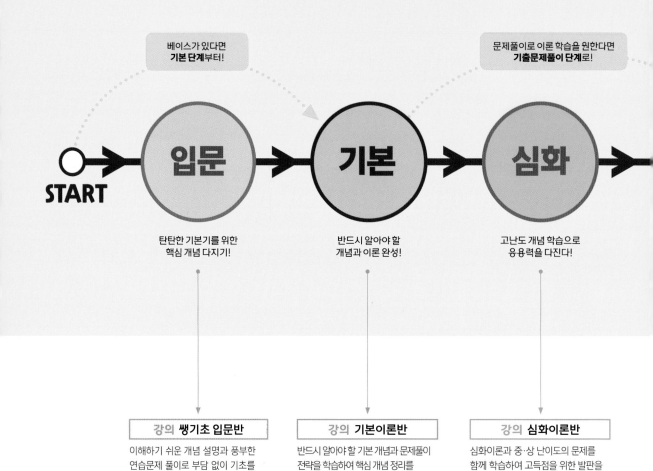

베이스가 있다면 **기본 단계부터!**

문제풀이로 이론 학습을 원한다면 **기출문제풀이 단계로!**

START

입문
탄탄한 기본기를 위한 핵심 개념 다지기!

기본
반드시 알아야 할 개념과 이론 완성!

심화
고난도 개념 학습으로 응용력을 다진다!

강의 쌩기초 입문반

이해하기 쉬운 개념 설명과 풍부한 연습문제 풀이로 부담 없이 기초를 다질 수 있는 강의

강의 기본이론반

반드시 알아야 할 기본 개념과 문제풀이 전략을 학습하여 핵심 개념 정리를 완성하는 강의

강의 심화이론반

심화이론과 중·상 난이도의 문제를 함께 학습하여 고득점을 위한 발판을 마련하는 강의

* 커리큘럼은 과목별·선생님별로 상이할 수 있으며, 자세한 내용은 해커스공무원 사이트에서 확인하세요.

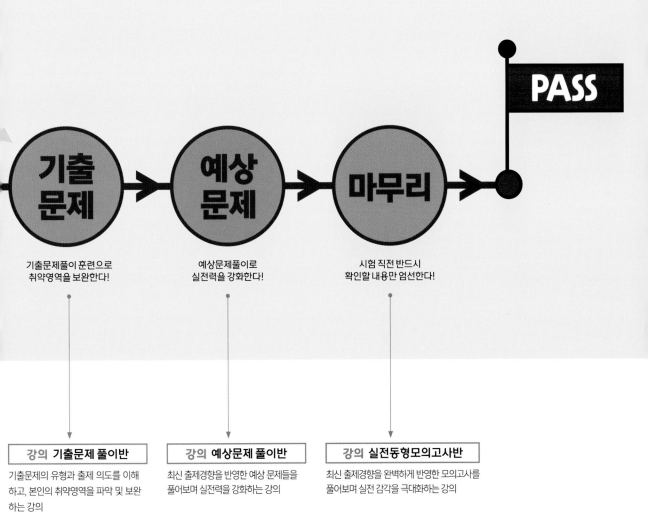

PASS

기출문제

기출문제풀이 훈련으로
취약영역을 보완한다!

예상문제

예상문제풀이로
실전력을 강화한다!

마무리

시험 직전 반드시
확인할 내용만 엄선한다!

강의 기출문제 풀이반

기출문제의 유형과 출제 의도를 이해
하고, 본인의 취약영역을 파악 및 보완
하는 강의

강의 예상문제 풀이반

최신 출제경향을 반영한 예상 문제들을
풀어보며 실전력을 강화하는 강의

강의 실전동형모의고사반

최신 출제경향을 완벽하게 반영한 모의고사를
풀어보며 실전 감각을 극대화하는 강의

강의 봉투모의고사반

시험 직전에 실제 시험과 동일한 형태의
모의고사를 풀어보며 실력을 완성하는 강의

해커스공무원 **단기 합격생**이 말하는

공무원 합격의 비밀!

해커스공무원과 함께라면
다음 합격의 주인공은 바로 여러분입니다.

대학교 재학 중,
7개월 만에 국가직 합격!

김*석 합격생

영어 단어 암기를 하프모의고사로!

하프모의고사의 도움을 많이 얻었습니다. **모의고사의
5일 치 단어를 일주일에 한 번씩 외웠고**, 영어 단어
100개씩은 하루에 외우려고 노력했습니다.

가산점 없이
6개월 만에 지방직 합격!

김*영 합격생

국어 고득점 비법은 기출과 오답노트!

이론 강의를 두 달간 들으면서 **이론을 제대로 잡고 바로
기출문제로** 들어갔습니다. 문제를 풀어보고 기출강의를
들으며 **틀렸던 부분을 필기**하며 머리에 새겼습니다.

직렬 관련학과 전공,
6개월 만에 서울시 합격!

최*숙 합격생

한국사 공부법은 기출문제 통한 복습!

한국사는 휘발성이 큰 과목이기 때문에 **반복 복습이
중요**하다고 생각했습니다. 선생님의 강의를 듣고 나서
바로 **내용에 해당되는 기출문제를 풀면서** 복습
했습니다.

해커스
신민숙
쉬운국어

빈출 어법
200제

실전편

해커스공무원 **해커스**군무원

목차

빈출 유형 01~08

어법 하프모의고사

[책 속의 책] 정답 및 해설

책의 특징과 구성

01 '8가지 빈출 유형'으로 어법 필수 이론 집중적으로 공략하기!

적중 예상문제

앞으로 출제될 가능성이 높은 어법 개념을 다룬 예상문제를 유형별로 20문제씩 수록하여 부족함 없는 어법 문제풀이 학습이 가능합니다.

필수 기출문제

지금까지 출제된 기출문제 중 중요한 기출문제만 엄선하여 수록하여 실전처럼 문제풀이 훈련을 할 수 있고 부족한 부분을 점검해 볼 수 있습니다.

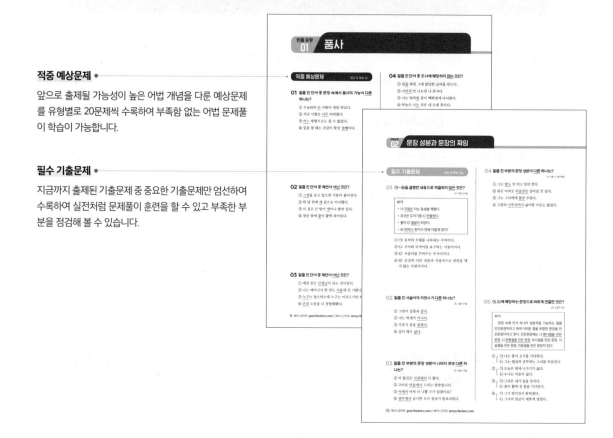

정답 및 해설

모든 문제에 대하여 정답인 이유뿐만 아니라 오답인 이유까지 설명해 주는 상세한 해설을 수록하였습니다. 해설을 통해 선지를 하나하나 분석해 볼 수 있어 해설만 보아도 이론을 완벽하게 학습할 수 있습니다.

02 '어법 하프모의고사'와 부록 '표준국어대사전 개정 사항'으로 어법 완전 정복!

하프모의고사 1회

정답 및 해설 46p

01 다음 중 밑줄 친 단어의 품사가 **다른** 하나는?

① 오늘부터 우리 열심히 공부를 하자.
② 큰 트럭이 내 앞을 **가로막았다.**
③ 그는 어린 신입사원에게 자꾸 술을 권한다.
④ 그녀의 계속된 집착이 **부담스럽다.**

02 밑줄 친 부분의 문장 성분이 **다른** 것은?

① 너 그 핸드폰 어디에 났니?
② 그는 잘생겼는데 운동도 잘한다.
③ 밤늦게 아버지께서 오셨다.
④ 너 아침에 약 먹었어?

03 <보기>의 ⊙, ⓒ 문장에 대한 설

보기
⊙ 나는 그가 수석을 했다는 기사를
ⓒ 나는 그의 수석 사실이 쓰인 기

① ⊙은 명사절이 안겨있는 문장으
② ⓒ은 관계 관형절이 안겨있는
③ ⊙의 안긴 문장에는 필수적
있다.
④ ⓒ의 안긴 문장에는 주어가

58 해커스공무원 gosi.Hackers.com | 해커스

04 다음 중 파생어로만 구성된 것은?

① 볼호령, 불고기, 날고기
② 멋쟁이, 풋과일, 물개비
③ 맞선, 절름발이, 젊은이
④ 생김새, 휴내, 날개

05 다음 중 띄어쓰기가 적절하지 **않은** 문장은?

① 마치 그는 나를 아는 척을 한다.
② 이런 순간은 인생에 다시 없을 듯 하다.
③ 그녀는 이별을 때부터 상대성 이론을 독학했다.
④ 오늘부터 기말고사가 시작이다.

부록 표준국어대사전 개정 사항

1 2023년 표제어 추가

표제항	뜻풀이
결제창	『정보·통신』 컴퓨터나 스마트폰 따위의 화면에서, 대금 결제를 위한 프로그램이 실행되는 영역 예 결제창에서 오류가 계속 나서 구매를 하지 못했다.
경고음	조심하거나 삼가도록 미리 주의를 주는 소리 예 건물 전체에 경고음이 울리자 사람들은 당황하며 허둥대기 시작했다.
공인 중개사 사무소	『법률』 공인 중개사가 토지나 건물 따위의 매매·교환·임대차 그 밖의 권리의 득실 변경에 관한 행위를 알선하는 사무를 보는 곳
나누어지다	1 […-으로] 「1」 하나가 둘 이상으로 갈라지다. 예 한 시간은 60분으로 나누어지고, 일 분은 다시 60초로 나누어진다. 「2」 여러 가지가 섞인 것이 갈래에 따라 구분되다. 예 파일은 용도에 따라서 몇 개의 등급으로 나누어진다. 「3」 『수학』 나눗셈이 되다. 예 소수는 1과 그 자신으로만 나누어진다. 2 [-에게서] 몸이 분배되다. 예 농지가 주민들에게 고르게 나누어지자 마을은 안정을 되찾았다. · 연말 격려금은 각 부서에 골고루 나누어질 예정이다.
남주인공	연극, 영화, 소설 따위에서 가장 중심적인 역할을 하는 남자 예 영웅 소설의 남주인공은 대개 고난과 위기를 극복하는 과정을 거친다.
내려보다	[…을] 「1」 위에서 아래를 향하여 보다. ≒내려다보다. 예 아내는 행복한 표정으로 잠든 아이를 내려보고 있었다. 「2」 자기보다 한층 낮추어 보다. ≒내려다보다. 예 형님은 입양한 자존심으로 상대방을 한껏 내려보고 있었다.
내리뻗치다	내리뻗다를 강조하여 이르는 말 예 햇살이 둑방으로 내리뻗치다.
내버려두다	[-을] 「1」 상관하지 않고 그대로 두다. 예 내가 뭘 하든지 나를 그냥 내버려둬라. 「2」 보살피지 않고 두다. 예 병견을 공개된 장소에 홀로 내버려두어서는 안 된다.
노무사	『법률』 기업이 행정 관청에 제출하는 신고·신청·보고·청구 및 권리 구제 등에 관한 서류 작성을 대행하고, 상담·지도·진단 등의 노무 관리 업무를 맡아 처리할 수 있는 법적 자격을 갖춘 사람 ≒공인 노무사

어법 하프모의고사

빈출 유형별 8문제와, 고난도 2문제로 구성된 어법 하프모의고사를 총 3회분 수록하였습니다. 실전처럼 어법 문제를 풀어봄으로써 실전 감각을 극대화할 수 있고, 스스로 부족한 부분을 보완할 수 있습니다.

표준국어대사전 개정 사항

표준국어대사전에서 변경되는 개정 사항을 보기 쉽게 표로 정리하여 수록하였습니다. 새롭게 변경된 부분을 빠르게 확인할 수 있어 변경되는 어휘/어법 정보를 빠르게 파악할 수 있습니다.

해커스공무원 gosi.Hackers.com

해커스군무원 army.Hackers.com

해커스 신민숙 쉬운국어 빈출 어법 200제 실전편

빈출 유형 01~08

품사

적중 예상문제   정답 및 해설 2p

01 밑줄 친 단어 중 문장 속에서 품사의 기능이 **다른** 하나는?

① 오늘따라 이 사탕이 정말 맛있다.

② 지난 시험은 너무 어려웠다.

③ 어느 방향으로도 갈 수 없었다.

④ 일을 할 때는 건강이 항상 첫째이다.

02 밑줄 친 단어 중 체언이 **아닌** 것은?

① 그것을 보고 있으면 기분이 좋아진다.

② 한 달 전에 새 집으로 이사했다.

③ 이 집은 큰 방이 셋이나 딸려 있다.

④ 창문 밖에 꽃이 활짝 피어있다.

03 밑줄 친 단어 중 체언이 **아닌** 것은?

① 예전 꿈은 선생님이 되는 것이었다.

② 나는 태어나서 한 번도 서울에 못 가봤다.

③ 누구는 청소하는데 누구는 어지르기만 하네.

④ 온갖 소문을 다 경험해봤다.

04 밑줄 친 단어 중 조사에 해당하지 **않는** 것은?

① 일을 하면 그에 합당한 급여를 받는다.

② 너마저 안 나오면 나 혼자다.

③ 나는 엄마랑 같이 백화점에 다녀왔다.

④ 하늘은 나는 것은 내 오랜 꿈이다.

05 <보기>의 밑줄 친 단어 중 품사가 **다른** 하나는?

> 보기
>
> 남아있는 과자 다섯 봉지 중 하나는 내가 먹고 남은 넷은 첫째로 오는 사람에게 줄 예정이다.

① 다섯   ② 하나

③ 넷   ④ 첫째

06 밑줄 친 단어 중 동사만을 모두 고른 것은?

> ㄱ. 오늘 회식이 있으니 모두 참석합시다.
>
> ㄴ. 오랜 가뭄으로 인해서 옥수수가 크지 못 했다.
>
> ㄷ. 두바이의 건물은 우리 눈 앞의 건물보다 더 높다.

① ㄱ   ② ㄴ

③ ㄴ, ㄷ   ④ ㄱ, ㄴ, ㄷ

07 <보기>의 문장에 대한 분석으로 적절하지 않은 것은?

> **보기**
>
> 　누구를 어떤 목적으로 그가 만나러 가는지는 여기에 있는 아무도 듣지 못했다.

① 누구: 모르는 사람을 가리키는 미지칭 대명사이다.

② 그: 인칭 대명사이다.

③ 여기: 특정한 장소를 지시해 주는 대명사이다.

④ 아무: 가리키는 대상이 누구인지 모를 때 쓰는 미지칭 대명사이다.

08 다음 중 밑줄 친 부분이 의존 명사가 아닌 것은?

① 그녀가 서울에 온 지도 벌써 십 년이다.

② 나는 화를 낼 줄 안다.

③ 네가 하는 행동은 옳지 않다.

④ 집에 도착하는 대로 전화해 줘.

09 다음 중 밑줄 친 부분의 품사가 다른 하나는?

① 내가 처음 교실에 왔을 때는 아무도 없었다.

② 김치는 아무 음식에나 다 잘 어울린다.

③ 다른 날보다 오늘이 더 추운 것 같다

④ 모든 일들이 술술 풀리고 있다.

10 다음 중 밑줄 친 부분이 연결 어미가 아닌 것은?

① 눈이 와서, 길이 꽁꽁 얼었다.

② 책상 위에 놓은 과자를 강아지가 먹어 버렸다.

③ 나는 이번 시험에 꼭 합격하고 싶다.

④ 항상 모든 일에 열심히 하는 사람이 되어야 한다.

11 다음 중 밑줄 친 부분에 전성 어미가 사용된 것은?

① 이리 와서 이것 좀 붙여줘

② 갑자기 머리가 아프기 시작했다.

③ 그 불은 영원하게 꺼지지 않고 남아 있을 것이다.

④ 그는 아직 밥을 안 먹었다.

12 밑줄 친 단어 중 감탄사가 <u>아닌</u> 것은?

① <u>여보세요</u>, 뭐 좀 여쭤볼게요.

② <u>이봐</u>, 이쪽으로 움직여야 한다니까.

③ <u>어머</u> 깜박하고 가스를 안 잠그고 왔네.

④ <u>영수야</u>, 나 책 좀 갖다 주겠니?

13 <보기>에 대한 설명으로 적절하지 <u>않은</u> 것은?

> **보기**
>
> 품사 통용이란 한 단어가 둘 이상의 문법적 성질을 함께 지니고 있는 것을 의미한다.
>
> (가) 우리 <u>내일</u> 놀이공원에 가자.
>
> (나) <u>내일</u>은 날씨가 맑다.

① (가)와 (나)의 '내일'은 각각 다른 품사로 사용된다.

② 품사 통용이 일어나는 두 단어의 형태는 동일하다.

③ (가)의 '내일'은 관형사의 품사로 사용된다.

④ (나)의 '내일'은 뒤에 조사가 결합되어 명사로 사용된다.

14 밑줄 친 단어 중 관형사가 <u>아닌</u> 것은?

① 성인이 되어 오늘 <u>첫</u> 월급을 받았다.

② 그녀는 <u>그의</u> 무거운 가방을 들어 주었다.

③ 선생님은 <u>아무</u> 말도 없이 시험지를 건네주었다.

④ <u>그</u> 드라마는 최악의 드라마이다.

15 다음 중 품사가 <u>다른</u> 하나는?

① <u>다섯</u> 사람이 길을 간다.

② 하나를 보면 <u>열</u>을 안다.

③ 지하에 빛이 <u>한</u> 가닥도 들어오지 않는다.

④ 어머니는 <u>둘째</u> 아들을 걱정하셨다.

16 밑줄 친 단어 중 의존 명사에 해당하는 것은?

① 옷을 입은 <u>채</u>로 계곡에 들어갔다.

② 책상에 먹물도 <u>채</u> 마르지 않은 종이가 놓여 있다.

③ 무를 <u>채</u> 쳐서 김치를 담갔다.

④ <u>채</u>가 부러질 정도로 북을 쳤다.

17 밑줄 친 단어 중 명사를 모두 고른 것은?

> (가) 형은 충분히 잠으로써 피로를 푼다.
> (나) 사람들은 태산이 높음을 알지 못한다.
> (다) 그는 걸음이 남들보다 빠르다.
> (라) 내가 그린 그림이 비싸게 팔렸다.

① 잠, 걸음
② 잠, 그림
③ 걸음, 그림
④ 높음, 걸음

18 ㄱ ~ ㄷ에 쓰인 조사에 대한 탐구 내용으로 적절하지 않은 것은?

> ㄱ. 오늘은 너무도 더워서 수박과 배를 먹고 싶다.
> ㄴ. 나는 철수만큼이나 농구 선수가 되고 싶다.
> ㄷ. 누나뿐만 아니라 어머니께서도 떡이랑 과일을 차려 주셨다.

① ㄱ의 '를'과 ㄷ의 '을'은 같은 조사가 앞말의 음운 환경에 따라 다른 형태로 나타난 것이구나.
② ㄴ의 '가'와 ㄷ의 '께서'는 듣는 사람에 따라 달리 선택된 주격 조사구나.
③ ㄱ의 '과'와 ㄷ의 '이랑'은 두 단어를 같은 자격으로 이어 주는 접속 조사구나.
④ ㄴ의 '만큼이나'와 ㄷ의 '뿐만'을 보면, 조사의 연이은 결합도 가능하구나.

19 밑줄 친 단어의 품사가 나머지 셋과 다른 하나는?

18. 소방직 9급. 변형

① 깊은 산속에서 외딴 오두막을 발견했다.
② 그는 갖은 노력 끝에 작품을 완성했다.
③ 그는 인사성이 바른 사람이다.
④ 다른 사람들은 어디 있니?

20 다음 중 형용사로만 구성된 것은?

① 뜨겁다, 싫다, 먹다
② 이쁘다, 기쁘다, 곱다
③ 피곤하다, 좋다, 붐비다
④ 아프다, 바쁘다, 읽다

01 〈보기〉의 Ⓐ의 사례로 가장 적절하지 <u>않은</u> 것은?

21. 법원직 9급

보기

　하나의 단어는 보통 하나의 품사 부류에 속한다. 하지만 하나의 단어가 문장에서의 쓰임에 따라 여러 가지 품사의 역할을 할 때가 있다. 이런 단어는 사전에서도 두 가지 이상의 품사로 처리된다. 예를 들어 "마라톤을 좋아하는 사람 다섯이 대회에 참가했다."에서의 '다섯'은 수사이지만 "마라톤을 좋아하는 다섯 사람이 대회에 참가했다."에서의 '다섯'은 관형사이다. 이처럼 하나의 단어가 두 가지 이상의 품사로 처리되는 것을 Ⓐ품사의 통용이라고 한다.

① 나도 철수<u>만큼</u> 잘할 수 있다.
　각자 먹을 <u>만큼</u> 먹어라.
② 뉴스에서 <u>내일</u>의 날씨를 예보하고 있다.
　오늘은 이만하고 <u>내일</u> 다시 시작합시다.
③ 어느새 태양이 솟아 <u>밝은</u> 빛을 비춘다.
　벽지가 <u>밝아</u> 집 안이 환해 보인다.
④ 키가 <u>큰</u> 나무는 우리에게 그늘을 주었다.
　철수야, 키가 몰라보게 <u>컸구나</u>.

02 밑줄 친 단어의 품사가 같은 것은?

17. 국가직 9급 (10월)

① 모두 제 <u>잘못</u>입니다.
　심판은 규칙을 <u>잘못</u> 적용하여 비난을 받았다.
② 집에 도착하는 <u>대로</u> 편지를 쓰다.
　큰 것은 큰 것<u>대로</u> 따로 모아 두다.
③ <u>비교적</u> 교통이 편리한 곳에 사무실이 있다.
　우리나라의 출산율은 <u>비교적</u> 낮은 편이다.
④ <u>이</u> 사과가 맛있게 생겼다.
　<u>이</u>보다 더 좋을 수는 없다.

03 '의존 명사 – 조사'의 짝이 <u>아닌</u> 것은?

18. 서울시 7급 (6월)

① 할 <u>만큼</u> 했다.
　나는 밥통째 먹으리<u>만큼</u> 배가 고팠다.
② 들어오는 <u>대로</u> 전화 좀 해 달라고 전해 주세요.
　네 멋<u>대로</u> 일을 처리하면 안 된다.
③ 10년 <u>만</u>에 우리는 만났다.
　너<u>만</u> 와라.
④ 시키는 대로 할 <u>뿐</u>이다.
　그래야 우리는 다섯<u>뿐</u>이다.

04 밑줄 친 단어의 품사가 나머지 셋과 다른 것은?

17. 국가직 7급 (10월)

① 노력했지만 아직 부족함이 많다.
② 곧 날이 밝으면 출발할 수 있다.
③ 노인들은 꽃나무를 잘들 키우신다.
④ 노장은 결코 늙지 않는다는 말이 있다.

05 밑줄 친 단어의 품사가 다른 하나는? 18. 서울시 9급 (6월)

① 그곳에서 갖은 고생을 다 겪었다.
② 우리가 찾던 것이 바로 이것이구나.
③ 인천으로 갔다. 그리고 배를 탔다.
④ 아기가 방글방글 웃는다.

06 밑줄 친 부분의 품사가 다른 하나는?

18. 소방직 9급 (10월)

① 새 신발을 신으니 발이 아프다.
② 과연 우리는 앞으로 어떻게 될까?
③ 그는 해외로 출장을 자주 다닌다.
④ 철수는 이번 시험을 위해 정말 열심히 공부했다.

07 밑줄 친 단어의 품사가 형용사인 것은? 22. 간호직 8급

① 다른 사람들은 어디 있지?
② 편식하지 말고 다른 음식도 먹어라.
③ 그는 자기 일 밖의 다른 일에는 관심이 없다.
④ 나와 생각이 다른 사람은 함께 가지 않아도 좋다.

적중 예상문제
정답 및 해설 7p

01 <보기>에 대한 설명으로 적절하지 <u>않은</u> 것은?

> 보기
>
> 우리가 좋아했던 그 그림이 사라졌다.

① '우리가 좋아했던'은 관형구로서 '그림'을 꾸며 주고 있다.

② '그 그림'은 둘 이상의 어절이 모여 주어의 기능을 하고 있다.

③ 한 문장에 두 개 이상의 주어가 존재한다.

④ '좋아했던'과 '사라졌다'는 모두 서술어에 해당한다.

02 다음 중 관형어의 기능을 하는 것은?

① <u>엄마의</u> 음식은 언제나 그립다.

② <u>우리 집의</u> 가훈은 특별하다.

③ 갑자기 비가 내리자 <u>열심히</u> 뛰었다.

④ 공부를 좀 더 <u>열심히</u> 해야 하지 않겠니.

03 <보기>의 문장에 대한 설명으로 적절하지 <u>않은</u> 것은?

> 보기
>
> 그는 그녀가 다른 남자와 만난다는 것을 이미 알고 있었다.

① 해당 문장은 9개의 어절로 구성된다.

② '그녀가 다른 남자와 만난다'의 절이 포함되어 있다.

③ '이미 알고 있었다'는 문장에서 부사어의 기능을 한다.

④ 전체 문장의 주어는 '그는'이다.

04 <보기>의 ㉠~㉣ 중 문장의 부성분에 해당하는 것은?

> 보기
>
> ㉠ 나는 파란 ㉡ 옷을 좋아하지만 직장에서는 ㉢ 항상 검정 옷을 ㉣ 입는다.

① ㉠   ② ㉡

③ ㉢   ④ ㉣

05 다음 중 밑줄 친 서술어의 자릿수가 <u>다른</u> 하나는?

① 나는 네 선생님이 <u>아니야</u>.

② 이것은 마치 인도 음식처럼 <u>생겼다</u>.

③ 오늘따라 이곳의 햇살이 <u>따스하다</u>.

④ 나는 길 가다가 우연히 초등학교 때 친구를 <u>만났다</u>.

06 밑줄 친 서술어의 자릿수가 <보기>와 <u>다른</u> 것은?

> 보기
>
> 사과는 아침으로 먹기에 <u>알맞다</u>.

① 나는 밥 먹기 전에 물을 먼저 <u>마신다</u>.

② 그는 다른 사람들의 표정을 무척 잘 <u>읽는다</u>.

③ 어머니는 거짓말하지 않는 것을 가장 중요한 것으로 <u>여긴다</u>.

④ 이 땅은 건물을 세우기에 딱 <u>알맞다</u>.

07 <보기>의 ㉠~㉣ 중 문장의 주성분이 <u>아닌</u> 것은?

> 보기
>
> • 나는 어제 빨간 사과 한 개를 ㉠ 샀다.
>
> • 오늘 ㉡ 지하철에서 ㉢ 신문을 열심히 읽었다.
>
> • 작품이 망가진 것이 네 ㉣ 실수는 아니야.

① ㉠   ② ㉡

③ ㉢   ④ ㉣

08 <보기>의 밑줄 친 문장 성분에 대한 설명으로 가장 적절한 것은?

> 보기
>
> <u>부모님께서도</u> 누가 돈을 가져갔는지 이미 다 아신다.

① 체언과 보조사가 결합하여 부사어의 역할을 한다.

② 체언이 그 자체로 주어의 역할을 한다.

③ 체언이 보조사가 생략된 채로 부사어의 역할을 한다.

④ 체언에 격 조사와 보조사가 결합하여 주어의 역할을 한다.

09 다음 중 밑줄 친 부분이 <보기>에 대한 예시로 적절하지 <u>않은</u> 것은?

> 보기
>
> 주격 조사가 생략된 채로 체언에 보조사만 결합한 형태도 주어의 기능을 할 수 있다.

① <u>그는</u> 또래에 비해 머리가 똑똑한 편이다.

② 가장 믿었던 <u>부모님마저</u> 나를 버렸다.

③ <u>그녀만</u> 끝까지 내 곁에 있었다.

④ <u>선생님께서</u> 나를 응원해 주셨다.

10 밑줄 친 단어 중 필수적 부사어가 <u>아닌</u> 것은?

① 내일을 위해 <u>어서</u> 자야 한다.

② 그의 생김새는 <u>나와</u> 정말 다르다.

③ 그녀의 웃는 얼굴이 <u>강아지와</u> 닮았다.

④ 오늘 내가 <u>반장으로</u> 뽑혔다.

11 다음 중 관형절이 안긴 문장이 <u>아닌</u> 것은?

① 나는 그 사람이 당선되었다는 기사를 읽었다.

② 그는 아무런 소란도 없이 일을 진행시켰다.

③ 이 과일은 내가 제일 좋아하는 과일이다.

④ 그 사람이 만든 작품은 대회에서 수상하였다.

12 다음 중 인용절의 종류가 <u>다른</u> 하나는?

① 어머니는 내 작품이 너무 맘에 들었다고 말했다.

② 평소 예쁜 눈을 갖고 있다고 많이 들었다.

③ 그녀는 계속해서 거짓말하지 말라고 말했다.

④ 오늘 나는 "감사합니다."라고 열 번 대답했다.

13 다음 중 겹문장이 <u>아닌</u> 것은?

① 철수와 영희는 공부를 잘한다.

② 비가 오고 나서 길이 다 젖었다.

③ 그녀는 길에서 강아지와 부딪쳤다.

④ 나는 결국 내가 실수했음을 깨달았다.

14 다음 중 겹문장이 <u>아닌</u> 것은?

① 집에 가든지 학교에 남아있든지 결정해라.

② 색이 변한 음식을 먹었더니 배탈이 났다.

③ 그녀는 그녀만의 방식으로 미래를 결심했다.

④ 그녀는 내가 음악에 소질이 있음을 눈치챘다.

15 <보기>의 문장에 대한 설명으로 적절하지 <u>않은</u> 것은?

> **보기**
> 예상과는 달리 내가 어제 본 사람은 아들이 검사다.

① 주어와 서술어의 관계가 두 번 이상 존재한다.

② 동격 관형절로 안긴 문장이 사용되었다.

③ 서술절로 안긴 문장이 사용되었다.

④ 부사절로 안긴 문장이 사용되었다.

16 다음 중 관계 관형절이 안긴 문장이 <u>아닌</u> 것은?

① 이곳은 나이가 많은 사람들로 가득하다.

② 내가 좋아하는 과자는 이미 품절이다.

③ 저곳이 내가 십 년간 살았던 집이다.

④ 아직도 악습이 남아있다는 사실이 믿기지 않는다.

17 다음 중 이어진 문장에 해당하는 것은?

① 엄마가 어서 들어가서 자라고 나를 혼내셨다.

② 그는 밖에 눈이 오냐고 물어봤다.

③ 오늘 나는 등산을 가고, 밥을 먹을 것이다.

④ 나도 모르게, 다른 사람의 물건에 손이 갔다.

18 다음 중 종속적 연결 어미에 의해 이어진 문장이 <u>아닌</u> 것은?

① 무릎이 다쳐서 더 이상 뛸 수가 없었다.

② 어머니는 내가 만점을 맞아야지만 칭찬해 주신다.

③ 날이 풀렸지만 상황은 더욱 악화되었다.

④ 내가 정리한다면, 누군가는 또 어지를 것이다.

19 다음 중 밑줄 친 어미에 대한 분석으로 가장 적절한 것은?

> **보기**
>
> 기회가 되<u>거든</u> 내 소식을 그에게 전달해주렴.

① 목적을 나타내는 종속적 연결 어미이다.

② 배경을 나타내는 종속적 연결 어미이다.

③ 가정이나 양보를 나타내는 종속적 연결 어미이다.

④ 조건을 나타내는 종속적 연결 어미이다.

20 다음 중 문장의 짜임 형태가 <u>다른</u> 하나는?

① 그는 돈이 없어서 지낼 곳을 못 구했다.

② 넓은 집이 쓸쓸하기만 하다.

③ 공원은 주말마다 놀러 온 가족들로 가득 찼다.

④ 영희는 결국 대한민국 대표 농구선수가 되었다.

필수 기출문제 정답 및 해설 10p

01 ㉠~㉣을 설명한 내용으로 적절하지 <u>않은</u> 것은?

23. 지방직 9급

> 보기
>
> • ㉠ <u>지원은</u> 자는 동생을 깨웠다.
>
> • 유선은 도자기를 ㉡ <u>만들었다.</u>
>
> • 물이 ㉢ <u>얼음이</u> 되었다.
>
> • ㉣ <u>어머나,</u> 현지가 언제 이렇게 컸지?

① ㉠: 동작의 주체를 나타내는 주어이다.

② ㉡: 주어와 목적어를 요구하는 서술어이다.

③ ㉢: 서술어를 꾸며주는 부사어이다.

④ ㉣: 문장의 다른 성분과 직접적으로 관련을 맺지 않는 독립어이다.

02 밑줄 친 서술어의 자릿수가 <u>다른</u> 하나는?

20. 서울시 9급

① 그림이 실물과 <u>같다.</u>

② 나는 학생이 <u>아니다.</u>

③ 지호가 종을 <u>울렸다.</u>

④ 길이 매우 <u>넓다.</u>

03 밑줄 친 부분의 문장 성분이 나머지 셋과 <u>다른</u> 하나는?

20. 서울시 9급

① 이 물건은 <u>시장에서</u> 사 왔다.

② 고마운 <u>마음에서</u> 드리는 말씀입니다.

③ <u>이에서</u> 어찌 더 나쁠 수가 있겠어요?

④ <u>정부에서</u> 실시한 조사 결과가 발표되었다.

04 밑줄 친 부분의 문장 성분이 <u>다른</u> 하나는?

19. 서울시 9급 (6월)

① 그는 밥도 안 먹고 일만 한다.

② 몸은 아파도 마음만은 날아갈 것 같다.

③ 그는 그녀에게 물만 주었다.

④ 고향의 사투리까지 싫어할 이유는 없었다.

05 ㉠, ㉡에 해당하는 문장으로 바르게 연결한 것은?

20. 소방직 9급

> 보기
>
> 문장 속에 안겨 하나의 성분처럼 기능하는 절을 안긴문장이라고 하며 이러한 절을 포함한 문장을 안은문장이라고 한다. 안은문장에는 ㉠명사절을 안은 문장, ㉡관형절을 안은 문장, 부사절을 안은 문장, 서술절을 안은 문장, 인용절을 안은 문장이 있다.

① ㉠ 나는 봄이 오기를 기다린다.
   ㉡ 그는 열심히 공부하는 그녀를 떠올린다.

② ㉠ 오늘은 밖에 나가기가 싫다.
   ㉡ 누나는 마음이 넓다.

③ ㉠ 그것은 내가 입을 옷이다.
   ㉡ 꽃이 활짝 핀 봄을 기다린다.

④ ㉠ 그가 범인임이 밝혀졌다.
   ㉡ 그녀의 얼굴이 예쁘게 생겼다.

06 <보기>의 밑줄 친 서술어에 대한 설명으로 가장 적절한 것은?
18. 경찰직 (2차)

> 보기
> - 잎이 노랗게 ⊙ 물들었다.
> - 그는 이 소설책을 열심히 ⓒ 읽었다.
> - 저 사람은 전혀 다른 사람이 ⓒ 되었다.
> - 그녀는 자신의 행운을 당연하게 ⓔ 여긴다.

① ⊙은 부사어를 필수적으로 요구하는 두 자리 서술어이다.

② ⓒ은 부사어를 필수적으로 요구하는 세 자리 서술어이다.

③ ⓒ은 보어를 필수적으로 요구하지 않는 한 자리 서술어이다.

④ ⓔ은 목적어 외에 부사어를 필수적으로 요구하지 않는 두 자리 서술어이다.

07 대등하게 이어진 문장인 것은?
18. 소방직 9급 (10월)

① 까마귀 날자 배 떨어진다.

② 사공이 많으면 배가 산으로 간다.

③ 가는 말이 고와야 오는 말이 곱다.

④ 낮말은 새가 듣고 밤말은 쥐가 듣는다.

08 다음 예문 중에서 관형절의 성격이 다른 하나는?
17. 사회복지직 9급

① 비가 오는 소리가 들린다.

② 철수는 새로 맞춘 양복을 입었다.

③ 나는 길에서 주운 지갑을 역 앞 우체통에 넣었다.

④ 윤규가 지하철에서 만났던 사람은 의사이다.

09 밑줄 친 절의 성격이 나머지 셋과 다른 것은?
19. 서울시 7급 (10월)

① 나는 영수가 만든 음식이 정말 맛있다.

② 영수가 한 질문이 너무 어려웠다.

③ 나는 영수가 애쓴 사실을 알고 있다.

④ 영수가 들은 소문은 헛소문이었다.

적중 예상문제   정답 및 해설 12p

01 다음 중 합성어로만 구성된 것은?

① 소나무, 오솔길, 열쇠

② 새해, 선생님, 들르다

③ 빛나다, 본받다, 엿보다

④ 고추장, 기와집, 애호박

02 다음 중 파생어로만 구성된 것은?

① 알부자, 들국화, 불호령

② 새내기, 새신랑, 풋고추

③ 치뛰다, 치솟다, 치켜뜨다

④ 벼슬아치, 비행기, 볶음밥

03 다음 단어들의 공통점으로 적절하지 <u>않은</u> 것은?

> 보기
>
> 사과나무   돌다리   손수건   팔다리

① 두 개 이상의 어근이 결합하여 이루어진 단어이다.

② 단어를 이루는 각 어근이 형태상의 변화가 없다.

③ 어근이 서로 결합하는 과정에서 품사의 변화가 발생한다.

④ 모두 복합어의 범주 안에 포함된다.

04 다음 중 하나의 어근으로 이루어진 단어들로만 구성된 것은?

① 달걀, 하늘, 과자

② 시나브로, 아버지, 노래

③ 귀엽다, 돌아가다, 뛰다

④ 작은형, 다리, 사과

05 다음 단어들에 대한 설명으로 가장 적절한 것은?

> 보기
>
> 군밤   앞서다   이리저리   빈주먹

① 어근과 접사가 결합한 파생어이다.

② 우리말의 일반적 단어 배열법과 일치하도록 구성되어 있다.

③ 단어의 품사가 본래와 다르게 변하였다.

④ 어근과 어근이 결합하여 본래의 뜻과는 다른 뜻을 가진다.

06 <보기>에 대한 설명으로 가장 적절하지 <u>않은</u> 것은?

> 보기
> ㄱ. 그녀는 춘추로 바삐 출장을 다니곤 했다.
> ㄴ. 선생님의 춘추가 혹시 어떻게 되시니?

① ㄱ의 '춘추'는 어근 '춘'과 '추'가 결합된 복합어이다.

② ㄱ의 '춘추'는 두 개의 어근이 동등한 지위로 연결되는 대등 합성어이다.

③ ㄴ의 '춘추'는 높임을 나타내는 단어이다.

④ 단어의 형태가 동일하여도 ㄱ의 '춘추'는 복합어이며 ㄴ의 '춘추'는 단일어이다.

07 다음 중 통사적 합성어로만 구성된 것은?

① 이슬비, 곶감

② 검푸르다, 늙은이

③ 밤낮, 재미나다

④ 이승, 독서

08 다음 중 비통사적 합성어로만 구성된 것은?

① 굳세다, 마소

② 힘들다, 볼록거울

③ 뛰놀다, 접칼

④ 산들바람, 더욱더

09 다음 단어들에 대한 분류로 적절하지 <u>않은</u> 것은?

① 세월: 융합 합성어

② 우짖다: 대등 합성어

③ 손수건: 종속 합성어

④ 주야: 대등 합성어

10 다음 중 단어 형성 과정에서 어근의 품사가 바뀐 것은?

① 끄덕이다   ② 멈추다

③ 군식구   ④ 지붕

11 다음 단어들에 대한 설명으로 알맞은 것은?

①	나들이	접미사가 결합한 파생어에 어근이 결합한 합성어이다.
②	감발	우리말 문장 구조와 일치하는 통사적 합성어이다.
③	바느질	어근과 어근이 결합하면서 형태의 변화가 일어난 합성어이다.
④	덮개	단어의 품사를 바꾸는 접사가 쓰인 파생어이다.

12 단어 형성 원리에 대한 설명으로 적절하지 <u>않은</u> 것은?

① '톱질'은 어근에 접미사가 결합한 파생어이다.

② '조용히', '영원히'는 부사 파생 접미사에 의해서 부사의 품사를 가진다.

③ '헛손질'은 합성어와 접미사가 결합된 파생어이다.

④ '풍당풍당'은 부사와 부사 간의 결합으로 통사적 합성어이다.

13 다음 설명 중 적절하지 <u>않은</u> 것은?

① '등산'은 우리말 어순을 따르지 않는 비통사적 합성어이다.

② '논밭'은 각각의 어근이 본래의 의미를 가지고 연결된 합성어이다.

③ '회자'는 어근의 뜻이 아닌 새로운 뜻을 가진 융합 합성어이다.

④ '팽이치기'는 어근에 파생어가 결합한 합성어이다.

14 다음 중 합성어로만 묶인 것은?   17. 서울시 7급. 변형

① 물먹다, 나무꾼, 또다시, 도둑질

② 빗나가다, 우리나라, 거짓말, 잘못

③ 곱슬머리, 빈손, 알몸, 외기러기

④ 대여섯, 여러분, 고무신, 민둥산

15 다음 중 파생어는 몇 개인가?

> 보기
>
> 기와집 울보 슬기롭다 나뭇잎 되묻다

① 4개   ② 3개

③ 2개   ④ 1개

16 <보기>의 ㉠~㉣에 해당하는 단어의 예가 모두 알맞은 것은?

> 보기
>
> 통사적 합성어란 어근의 결합이 우리말의 일반적인 단어 배열법과 일치하는 합성어를 말하는데, '명사 + 명사', ㉠'관형사 + 체언', '부사 + 용언', ㉡'용언의 관형사형 + 명사', '주어 + 서술어', '목적어 + 서술어', ㉢'부사어 + 서술어', ㉣'어간 + 어미 + 어간 + 어미' 등의 구성이 이에 해당한다.

① ㉠: 새마을, 어깨동무

② ㉡: 디딜방아, 볼일

③ ㉢: 꿈꾸다, 힘들다

④ ㉣: 꺾쇠, 높푸르다

17 다음 중 <보기>의 설명에 해당하는 단어가 쓰인 문장은?

> 보기
>
> 어근과 어근이 합쳐져서 새로운 낱말을 만들 때 원래의 어근이 가지고 있던 의미와는 다른 새로운 의미가 만들어지기도 한다.

① 할머니가 꽃게를 드셨다.

② 돌다리도 두드려 보고 건너야 한다.

③ 철수는 물불을 가리지 않고 돈을 벌었다.

④ 사랑스러운 아이들을 보니 기분이 매우 좋다.

18 다음 중 <보기 1>을 바탕으로 <보기 2>에 대해 탐구한 것 중에서 적절하지 <u>않은</u> 것은?

18. 법원직 9급. 변형

보기 1

'-ㅁ/-음'에 대하여

• 명사형 어미: 동사의 어간 뒤에 붙어서 동사를 명사형이 되게 하는 역할을 한다. 동사의 명사형은 서술성이 있어 주어를 서술하며 품사가 변하지 않는다. 앞에 부사적 표현이 쓰일 수 있다.

• 접미사: 동사의 어간 뒤에 붙어서 동사를 명사로 파생시킨다. 파생된 명사는 서술성이 없으므로 앞에 부사적 표현이 쓰일 수 없고, 관형어가 올 수 있다.

보기 2

㉠ 철수는 행복한 꿈을 꾸었다.

㉡ 주말에 충분히 잠으로써 스트레스를 푼다.

㉢ 그는 죽음을 두려워하지 않는 용사이다.

㉣ 서로에 대한 강한 믿음이 생겼다.

---

① ㉠의 '꿈'은 '꾸다'라는 동사에서 파생된 명사이다.

② ㉡의 '잠'은 '충분히'의 수식을 받으므로 '잠'의 '-ㅁ'은 접미사이다.

③ ㉢의 '죽음'의 '-음'은 접미사이다.

④ ㉣의 '믿음'의 '-음'은 접미사이다.

19 다음 중 ㉠ ~ ㉣에 대한 설명으로 적절한 것은?

보기

• 그녀를 보니 가슴이 마구 ㉠ 뛰기 시작했다.

• 아침 ㉡ 달리기는 건강에 무척 좋다.

• 나는 날이 빨리 ㉢ 밝기를 기다렸다.

• 같은 ㉣ 크기의 그릇들을 겹쳐 놓았다.

---

① ㉠의 '-기'는 접미사이지만, ㉢의 '-기'는 그렇지 않다.

② ㉡은 '달리기'는 '달리다'라는 동사에서 파생된 명사이다.

③ ㉢의 '밝기'는 '밝다'라는 동사에서 파생된 명사이다.

④ ㉣의 '-기'는 품사를 바꾸는 기능을 하지 못하므로 전성 어미이다.

20 다음 중 밑줄 친 단어에 쓰인 접사의 성격이 <u>다른</u> 하나는?

① 빵을 너무 <u>많이</u> 먹어서 속이 불편하다.

② 나무를 심기 위해 구덩이를 <u>깊이</u> 파다.

③ 동생은 컵을 이마 <u>높이</u>로 들어 올렸다.

④ 그는 자신의 동료보다 <u>빨리</u> 승진하였다.

필수 기출문제   정답 및 해설 16p

01 〈보기〉의 밑줄 친 부분에 해당하는 예로 가장 옳은 것은?   20. 법원직 9급

보기

국어의 단어 형성 방식을 보면, 실질적인 의미를 갖는 어근들끼리 만나 새말을 만들기도 하지만, 특정한 뜻을 더하는 접사가 어근 앞에 붙어 새말을 만들기도 한다. 전자의 예로는 어근 '뛰다'가 어근 '놀다'를 만나 '뛰놀다'를 만드는 것을 들 수 있고, 후자의 예로는 '군'이 어근 '살' 앞에 붙어 '쓸데없는'의 뜻을 더하면서 '군살'을 만드는 것을 들 수 있다.

① '강'은 '마르다' 앞에 붙어 '심하게'의 뜻을 더하면서 '강마르다'를 만든다.
② '첫'은 '눈' 앞에 붙어 '처음의'의 뜻을 더하면서 '첫눈'을 만든다.
③ '새'는 '해' 앞에 붙어 '새로운'의 뜻을 더하면서 '새해'를 만든다.
④ '얕'은 '보다' 앞에 붙어 '얕게'의 뜻을 더하면서 '얕보다'를 만든다.

02 〈보기〉의 ㉠~㉣에 대한 설명으로 적절하지 않은 것은?   18. 법원직 9급

보기

• 그는 ㉠슬픔에 젖어 말을 잇지 못했다.
• 간호사는 환자의 팔뚝에 붕대를 ㉡휘감았다.
• 그 사이 한 해가 저물고 ㉢새해가 왔다.
• 그의 집은 인근에서 ㉣알부자로 소문난 집이다.

① ㉠은 어근과 접미사의 결합으로 이루어진 파생어로 품사가 형용사에서 명사로 바뀌었다.
② ㉡은 접두사와 어근의 결합으로 만들어진 파생어이다.
③ ㉢은 어근과 어근의 결합인 '관형사+명사' 형태의 통사적 합성어이다.
④ ㉣은 어근과 어근의 결합인 '명사+명사' 형태의 통사적 합성어이다.

03 〈보기〉에 제시된 단어들과 단어 형성 원리가 같은 것은?   17. 서울시 9급

보기

개살구, 헛웃음, 낚시질, 지우개

① 건어물(乾魚物)
② 금지곡(禁止曲)
③ 한자음(漢字音)
④ 핵폭발(核爆發)

04 단어에 대한 설명으로 옳지 <u>않은</u> 것은?

17. 국가직 9급 (10월)

① '바다', '맑다'는 어근이 하나인 단일어이다.

② '회덮밥'은 파생어 '덮밥'에 새로운 어근 '회'가 결합된 합성어이다.

③ '곁눈질'은 합성어 '곁눈'에 접미사 '-질'이 결합된 파생어이다.

④ '웃음'은 어근 '웃-'에 접미사 '-음'이 붙어 명사가 된 파생어이다.

05 '살짝곰보'와 합성어의 구성 방식이 같은 것은?

18. 서울시 7급 (3월)

① 덮밥   ② 얼룩소

③ 딱딱새   ④ 섞어찌개

06 밑줄 친 접두사가 한자에서 온 말이 아닌 것은?

17. 국가직 9급 (4월)

① <u>강</u>염기   ② <u>강</u>타자

③ <u>강</u>기침   ④ <u>강</u>행군

07 비통사적 합성어로만 묶은 것은?

17. 국가직 7급 (8월)

① 힘들다, 작은집, 돌아오다

② 검붉다, 굳세다, 밤낮

③ 부슬비, 늦더위, 굶주리다

④ 빛나다, 보살피다, 오르내리다

08 〈보기 1〉을 참고하여 〈보기 2〉를 ㉠과 ㉡으로 잘 분류한 것은?

17. 법원직 9급

> **보기 1**
>
> 어근과 어근의 형식적 결합 방식에 따라 합성어를 나누어 볼 수 있다. 형식적 결합 방식이란 어근과 어근의 배열 방식이 국어의 정상적인 단어 배열 방식 즉 통사적 구성과 같고 다름을 고려한 것이다. 여기에는 합성어의 각 구성 성분들이 가지는 배열 방식이 국어의 정상적인 단어 배열법과 같은 ㉠ '통사적 합성어'와 정상적인 배열 방식에 어긋나는 ㉡ '비통사적 합성어'가 있다.

> **보기 2**
>
> a. 새해   b. 힘들다
>
> c. 접칼   d. 부슬비
>
> e. 돌아가다   f. 오르내리다

	㉠	㉡
①	a, e	b, c, d, f
②	a, b, e	c, d, f
③	a, c, d	b, e, f
④	b, e, f	a, c, d

정답 및 해설 18p

01 다음 중 띄어쓰기가 옳지 않은 것은?

① 어른부터 아이까지 모두 모였다.
② 놀라기보다는 차분하게 일을 해결했다.
③ 강물의 색이 참 맑군 그래.
④ 지금만이라도 거짓말을 하지 말거라.

02 다음 중 띄어쓰기가 적절하지 않은 것은?

① 그가 나를 떠난지 오래다.
② 우리 학교에는 멋진 이가 많다.
③ 그는 생각한 대로 행동한다.
④ 나와 한 약속대로 집에 들어와라.

03 다음 중 띄어쓰기가 적절하지 않은 것은?

① 회사에 온통 여자뿐이다.
② 화를 내도 그는 웃을뿐이다.
③ 남는 것은 사진뿐이다.
④ 알맞게 온 사람은 넷뿐이다.

04 다음 중 띄어쓰기가 적절하지 않은 것은?

① 지나가는 길에 인사차 들렀습니다.
② 사업차 크게 대출을 받았다.
③ 마침 가게를 접으려던 차에 연락이 왔다.
④ 출장을 가던차에 가고 싶은 빵집에 들렀다.

05 다음 중 띄어쓰기가 적절한 문장은?

① 그녀는 판다 만큼 움직이지를 않는다.
② 그는 공부한 지 육 개월만에 시험에 합격했다.
③ 게임을 세 판만 더 하고 끝낼게요.
④ 이게 맞는 말인 지 모르겠다.

06 다음 중 문장의 띄어쓰기가 적절한 것은 ?

① 지금은 세시 오십 분이다.
② 이것은 제 7절 40항에 명시된 규칙이다.
③ 그의 1 연구실은 공과대학 삼 층이다.
④ 이번 오십 팔 회 대회의 우승자는 정해졌다.

07 다음 중 밑줄 친 부분의 띄어쓰기가 적절하지 <u>않은</u> 것은?

① 이 장소는 <u>체육관 겸 교실</u>로 쓰인다.

② 이곳은 <u>스무 명 내지 서른 명</u>을 수용할 수 있는 공간이다.

③ 이번 투표 결과는 <u>100 대 0</u>으로 가결되었다.

④ 내가 가장 좋아하는 과일은 <u>수박, 배, 귤등등</u>이다.

08 다음 중 밑줄 친 부분의 띄어쓰기가 적절하지 <u>않은</u> 것은?

① 저기 있는 <u>연필 한 자루</u>만 갖다주겠니.

② 이런 좋은 기회를 놓쳐서는 <u>안돼.</u>

③ 그는 마치 나를 잘 <u>아는 척한다.</u>

④ 오늘 <u>장도 볼 겸</u> 밖으로 나왔다.

09 다음 중 문장의 띄어쓰기가 옳은 것은?

① 여행을 가더라도 너무 멀리는 가지 마.

② 어른부터 아이 까지도 모두가 좋아할 맛이다.

③ 금지 구역은 여기서 부터입니다.

④ 길을 가다가 익숙한이를 만났다.

10 다음 중 문장의 띄어쓰기가 적절하지 <u>않은</u> 것은?

① 책상 위에 있는 물 한 병만 나에게 주겠니?

② 우리 사이에 내것네것이 어디 있어.

③ 그녀는 이 공간에는 잘 안 와.

④ 이번에는 가방을 좀더 큰것으로 바꿀 예정이다.

11 다음 중 밑줄 친 부분의 띄어쓰기가 적절하지 <u>않은</u> 것은?

① 그는 소화를 위해 <u>한밤중에</u> 산책을 했다.

② 그녀는 <u>은연중에</u> 이상한 소리를 냈다.

③ 담당자가 <u>휴가 중</u>이라 자리를 비웠습니다.

④ 자꾸만 <u>무의식 중에</u> 다리를 떤다.

12 다음 중 띄어쓰기가 적절한 것은?

① 이것은 충무공 이순신장군의 일기장이다.
② 박교수는 고지식한 측면이 있다.
③ 백범 김구는 일제 강점기 독립운동가이다.
④ 그 일의 담당자는 김양이다.

13 <보기>의 밑줄 친 부분을 설명한 '가 ~ 라' 중 틀린 것만을 모두 고른 것은?

> 보기
> ㉠ 수업 중에는 딴짓을 하지 마세요.
> ㉡ 김철수님, 진료실로 들어오세요.
> ㉢ 제가 한 번 도전해 보겠습니다.
> ㉣ 이 마을에는 전주 이 씨들이 모여 산다.

> 가. ㉠의 '중'은 의존 명사이기 때문에 앞말과 띄어 쓴다.
> 나. ㉡의 '님'은 그 사람을 높여 부르는 말로 의존 명사이기 때문에 앞말에 띄어 쓴다.
> 다. ㉢의 '번'은 단위를 나타내는 의존 명사이기 때문에 앞말과 띄어 쓴다.
> 라. ㉣의 '씨'는 사람의 성이나 성명 아래에 쓰이는 의존 명사이기 때문에 앞말과 띄어 쓴다.

① 가, 라　　　　② 나, 다, 라
③ 다, 라　　　　④ 가, 나, 다

14 밑줄 친 부분의 띄어쓰기가 옳은 것은?

13. 지방직 7급. 변형

① 그는 <u>한 겨울</u>에도 얇은 옷을 입는다.
② 나는 일 년간 일본에 <u>연수 차</u> 왔다.
③ 며칠 <u>전쯤</u> 가족이 뿔뿔이 흩어졌다.
④ 그녀가 <u>사라진걸</u> 도저히 믿을 수 없다.

15 다음 중 문장의 띄어쓰기가 적절한 것은?

① 문 앞의 장식이 꽃 처럼 아름다워 보인다.
② 나이 서른에 집 세채를 구매하였다.
③ 그녀는 세 살 때 만성골수성백혈병을 앓았다.
④ 구름 한점 없는 하늘이지만 오후엔 비가 올 듯하다.

16 다음 중 밑줄 친 부분의 띄어쓰기가 적절하지 않은 것은?

① 내가 <u>너만큼은</u> 공부했다.
② 작년에 이미 <u>할 만큼</u> 했다.
③ 너는 <u>너대로</u> 할 일을 하고 있으렴.
④ 그냥 내가 <u>하는대로</u> 믿고 따라와.

17 밑줄 친 부분 중 띄어쓰기가 잘못된 것은?

① 집에 가려던 차에 너를 만났다.

② 어느덧 입사 3년 차가 되었다.

③ 나는 사업 차 그와 만났다.

④ 제20차 정기 심포지엄이 열렸다.

18 다음 중 밑줄 친 부분의 띄어쓰기가 적절하지 않은 것은?

① 그녀는 못된 마음씨를 가지고 있다.

② 아무래도 양반은 못 된다.

③ 이것들 중에서 안되어도 세 개는 불량이다.

④ 이 일이 못 된 것은 당연하다.

19 다음 중 띄어쓰기가 적절한 것은?

① 세시간의 등산 후에 마침내 정상이다.

② 그녀는 웬만하면 화를 잘 내지 않는다.

③ 나는 강아지 한마리와 고양이 두마리를 키운다.

④ 자꾸만 그는 잘난체를 한다.

20 밑줄 친 부분의 띄어쓰기가 적절하지 않은 것은?

① 지금 시간은 두시 삼십분이다.

② 이 땅은 꽃 한송이 피지 않는다.

③ 잠시 후 대국민 담화가 방송될 예정이다.

④ 결과적으로 5 대 3으로 우리 팀이 이겼다.

필수 기출문제 정답 및 해설 21p

01 밑줄 친 부분의 띄어쓰기가 옳은 것은? 19. 지방직 9급

① 그 중에 깨끗한 옷만 골라 입으세요.
② 어제는 밤이 늦도록 옛 책을 뒤적였다.
③ 시간 날 때 낚시나 한 번 같이 갑시다.
④ 사람들은 황급히 굴 속으로 모여들었다.

03 띄어쓰기가 옳지 않은 것은? 17. 국가직 9급 (10월)

① 조금 의심스러운 부분이 있어서 물어도 보았다.
② 매일같이 지각하던 김 선생이 직장을 그만두었다.
③ 이번 시험에서 우리 중 안 되어도 세 명은 합격할 듯하다.
④ 지난주에 발생한 사고를 어떻게 해결해야 할지 회의를 했다.

02 다음 중 띄어쓰기가 가장 옳은 것은? 19. 서울시 9급 (2월)

① 열 길 물속은 알아도 한 길 사람의 속은 모른다.
② 데칸 고원은 인도 중부와 남부에 위치한 고원이다.
③ 못 본 사이에 키가 전봇대 만큼 자랐구나!
④ 이번 행사에서는 쓸모 있는 주머니만들기를 하였다.

04 띄어쓰기가 옳은 것은? 18. 지방직 7급

① 부모와 자식간에도 예의는 지켜야 한다.
② 김 양의 할머니는 안동 권씨라고 합니다.
③ 내일이 이 충무공 탄신 500돌이라고 합니다.
④ 이번 여름에는 카리브 해로 휴가를 가기로 했어.

05 〈보기 1〉의 내용을 참고할 때, 〈보기 2〉에서 띄어 쓰기가 올바른 것을 모두 고른 것은? <small>19. 법원직 9급</small>

보기 1

'노력한 만큼 대가를 얻다.'에서의 '만큼'과 '나도 너 만큼은 공부를 잘해.'의 '만큼'은 단어의 형태는 같으나 단어가 수행하는 기능은 다르다. 즉, 전자의 '만큼'은 의존 명사이지만, 후자의 '만큼'은 조사이다. 의존 명사의 경우는 앞말과 띄어 써야 하고 조사의 경우는 앞말에 붙여 써야 한다.

보기 2

㉠ 집에 도착하는 대로 전화하도록 해.

㉡ 부모님 말씀 대로 행동해야 한다.

㉢ 느낀대로 표현하고 싶었다.

㉣ 내가 가진 것은 이것뿐이다.

㉤ 그 이야기는 소문으로 들었을뿐이다.

① ㉠, ㉣

② ㉡, ㉢

③ ㉠, ㉢, ㉣

④ ㉠, ㉣, ㉤

06 다음 중 띄어쓰기가 옳지 <u>않은</u> 것은? <small>19. 서울시 9급 (6월)</small>

① 불이 꺼져 간다.

② 그 사람은 잘 아는척한다.

③ 강물에 떠내려 가 버렸다.

④ 그가 올 듯도 하다.

07 밑줄 친 부분의 띄어쓰기가 옳은 것은? <small>20. 지방직 9급</small>

① <u>해도해도</u> 너무한다.

② 빠른 <u>시일 내</u> 지원해 줄 것이다.

③ 이 그릇은 귀한 거라 손님 대접하는<u>데나</u> 쓴다.

④ 소비 절약을 호소하는 <u>정공법 밖에</u> 달리 도리는 없다.

08 띄어쓰기가 모두 옳은 문장은? <small>18. 서울시 7급 (3월)</small>

① 밥을 먹은지 두 시간밖에 안 지났다.

② 학력이나 나이에 관계 없이 누구나 지원할 수 있다.

③ 이번 휴가에 발리 섬으로 여행을 간다.

④ 하늘을 보니 비가 올 듯도 하다.

용언의 활용과 음운의 변동

적중 예상문제

정답 및 해설 23p

01 다음 중 발음 표기가 옳은 것으로만 이루어진 것은?

① 홑이불[혼니불], 밟고[발꼬]

② 결막염[결마겸], 막일[망닐]

③ 겉모양[건모양], 앉고[안꼬]

④ 희망[히망], 넓죽하다[널쭈카다]

02 표준 발음법에 따라 발음한 것은?

11. 경북교육행정직 9급. 변형

① 옷맵시[온맵시]

② 꽃망울[꼰망울]

③ 몫몫이[몽목시]

④ 의견란[의:결란]

03 <보기>의 밑줄 친 ㉠ ~ ㉤에 대한 표준 발음으로 옳은 것을 모두 고르면?

17. 국회직 8급. 변형

보기
- ㉠ 상견례[상견녜]를 앞두고 무척 긴장했다.
- 꽃이 ㉡ 피어[피여] 정원이 화사해졌다.
- 오늘은 비가 와서 ㉢ 국밥[국빱]이 먹고 싶다.
- 그녀의 ㉣ 눈동자[눈동자]는 아름답다.
- 교과 성적을 ㉤ 백분율[백뿐율]로 환산했다.

① ㉠, ㉡, ㉤   ② ㉡, ㉢, ㉣

③ ㉠, ㉡, ㉢   ④ ㉡, ㉣, ㉤

04 '영업용'을 표준 발음법에 맞게 발음할 때, 음운 변동의 종류와 횟수를 바르게 짝지은 것은?

16. 기상직 7급. 변형

	<음의 동화>	<음의 첨가>
①	1회	1회
②	2회	1회
③	1회	0회
④	2회	0회

05 밑줄 친 단어 중 <보기>에서 설명하는 음운 현상이 일어나지 <u>않는</u> 것은?

13. 기상직 9급. 변형

보기
　두 음운이 합쳐져서 하나의 음운으로 줄여 소리 나는 현상

① 우리 집 <u>막내</u>의 초등학교 입학식에 갔다.

② 문이 갑자기 <u>닫혀서</u> 깜짝 놀랐다.

③ 청소를 하지 않아서 먼지가 <u>쌓였다</u>.

④ 그는 동생들을 잘 보살피는 든든한 <u>맏형</u>이다.

06 밑줄 친 부분의 발음이 표준 발음법에 맞는 것은?

17. 법원직 9급. 변형

① 감이 생각보다 <u>떫다[떨:따]</u>.

② <u>띄어쓰기[띄어쓰기]</u>는 어렵다.

③ 어서 눈물을 <u>닦고[닥고]</u> 일어나라.

④ 나는 <u>여덟[여덥]</u> 번째 순서이다.

07 다음 중 단어의 표기나 발음이 옳지 <u>않은</u> 것은?

17. 국회직 8급. 변형

① 나는 커서 선생님이 되고[뒈고] 싶다.

② 한글 자모 'ㅌ'의 이름에 조사가 붙을 때의 발음은 'ㅌ+이[티그시]', 'ㅌ+을[티그슬]'이다.

③ 내 발을 밟지[밥:찌] 마라.

④ 웬일[웬:닐]로 학교에 왔니?

08 <보기>의 밑줄 친 부분을 표준 발음법에 맞게 발음한 것은?

17. 국회직 9급. 변형

> **보기**
>
> "이 바지는 길이가 너무 <u>짧네요</u>."

① [짬네요]　　　　② [짭네요]

③ [짤네요]　　　　④ [짤레요]

09 <보기>의 ㉠과 ㉡의 예를 알맞게 짝지은 것은?

> **보기**
>
> 　용언은 활용할 때 어간이나 어미의 기본 형태가 바뀌지 않거나 바뀌어도 일반적인 음운 규칙으로 설명할 수 있는 때를 ㉠'규칙 활용'이라고 하고, 어간이나 어미의 기본 형태가 바뀌는 것이 일반적인 음운 규칙으로 설명할 수 없을 때는 ㉡'불규칙 활용'이라고 한다.

① ㉠: 식욕이 왕성하여 몸이 <u>불었다</u>.
　㉡: 빨리 이쪽과 저쪽을 <u>이어요</u>.

② ㉠: 그는 집을 <u>지으며</u> 만족해했다.
　㉡: 학생은 모자를 <u>벗으며</u> 인사를 했다.

③ ㉠: 우리는 캠핑을 가서 고기를 <u>구워</u> 먹었다.
　㉡: 어제 보니 할머니의 허리가 많이 <u>굽으셨다</u>.

④ ㉠: 그녀를 좋아하는 마음을 가슴속에 <u>묻었다</u>.
　㉡: 시민들은 관계자에게 사고의 책임을 <u>물었다</u>.

10 밑줄 친 말 중 <보기>의 사례로 제시하기 적절하지 <u>않은</u> 것은?

> **보기**
>
> **표준 발음법 제12항**
>
> 3. [붙임] 'ㄶ, ㄹㅎ' 뒤에 'ㄴ'이 결합되는 경우에는, 'ㅎ'을 발음하지 않는다.
>
> 4. 'ㅎ(ㄶ, ㄹㅎ)' 뒤에 모음으로 시작된 어미나 접미사가 결합되는 경우에는, 'ㅎ'을 발음하지 않는다.

① 하수도를 시원하게 <u>뚫네</u>.

② 찌개가 많이 <u>닳지</u> 않았다.

③ 인연을 강제로 <u>끊어</u> 버렸다.

④ 그렇게 말하는 것은 듣기 <u>싫소</u>.

11 다음 중 '풀잎'의 음운 변동에 대한 이해로 적절하지 <u>않은</u> 것은?

① '내복약'과 같이 모두 두 번의 음운 변동이 일어났군.

② '맑네'와 달리 음운 변동의 결과 음운 개수가 늘어났군.

③ '신라'와 같이 인접한 자음의 영향을 받아 음운 변동이 일어났군.

④ '숯'과 같이 음절의 끝소리에 발음되는 자음이 제한으로 음운이 바뀌었군.

12 다음 중 복수의 표준 발음이 인정되는 단어가 <u>아닌</u> 것은?

① 함수   ② 훗일

③ 밤이슬   ④ 감언이설

13 다음 중 밑줄 친 단어의 발음이 올바른 것은?

① 봄에는 <u>농사일</u>로 매우 바쁘다. - [농산닐]

② 그는 <u>가욋일</u>로 운전을 하고 있다. - [가웬닐]

③ <u>나잇값</u> 좀 하라는 핀잔을 들었다. - [나이갑]

④ <u>유리잔</u>은 조심해서 다루어야 한다. - [유리짠]

14 다음 중 용언의 불규칙 활용이 적용되지 <u>않은</u> 것은?

① 입자가 <u>고와서</u> 먹기 편리하다.

② 바다에서부터 물이 <u>흘러</u> 강까지 도달하였다.

③ 오늘따라 하늘이 <u>푸르러</u> 보인다.

④ 잔디밭의 잡초들은 모두 <u>뽑아야</u> 한다.

15 다음 중 밑줄 친 부분에서 용언의 규칙 활용이 나타나지 <u>않은</u> 것은?

① 결국 이렇게 되어서 너무 <u>기뻐</u>.

② 갈 길이 머니 <u>어서</u> 움직여라.

③ 어머니를 <u>도와서</u> 청소를 끝냈다.

④ 이건 거의 다 <u>잡은</u> 고기야.

16 다음 중 밑줄 친 용언의 활용 종류가 <u>다른</u> 하나는?

① 최종 목표에 거의 <u>다다랐다</u>.

② 더 밝아지기 전에 불을 <u>꺼라</u>.

③ 아침을 <u>먹고</u> 커피를 마셔야 한다.

④ 그녀는 얼굴이 <u>하얘서</u> 이쁘다.

17 다음 중 밑줄 친 용언의 활용형이 적절하지 않은 것은?

① 그는 터벅터벅 걸어 집에 갔다.

② 큰 시험을 치뤄 힘이 들었다.

③ 오늘 생긴 일에 대해서 부모님께 일렀다.

④ 저녁으로 먹을 고기를 구웠다.

18 다음 중 밑줄 친 표현 중 용언의 불규칙 활용이 아닌 것은?

① 미국에 도착하면 꼭 편지를 써라.

② 이제야 목적지에 이르렀다.

③ 아직은 시기가 일러 수확하지 않았다.

④ 이것은 나의 자랑스러운 성과이다.

19 다음 중 밑줄 친 단어의 불규칙 활용 종류가 다른 하나는?

① 풀이 과정을 물어 문제를 푸는 것은 아무 의미 없다.

② 이 짐들 좀 트럭 위에 실어라.

③ 이 사건에 이어 새로운 사건이 발생했다.

④ 움직이지 말고 음악을 차분하게 들어라.

20 다음 중 <보기>에 해당하는 예시로 가장 적절한 것은?

> **보기**
>
> 용언이 활용되는 과정에서 어미가 변하는 경우 이는 용언의 불규칙 활용에 해당한다.

① 이 안내에 따라 차분하게 행동해야 한다.

② 그녀의 목표는 수영하여 강을 건너는 것이다.

③ 아직 날씨가 더워 밖에 나가면 안 된다.

④ 처음 본 조각상이 너무 아름다워 계속 생각난다.

필수 기출문제 정답 및 해설 27p

01 ㉠, ㉡의 사례로 옳은 것만을 짝지은 것은?

21. 국가직 9급

> 보기
>
> 용언의 불규칙활용은 크게 ㉠어간만 불규칙하게 바뀌는 부류, ㉡어미만 불규칙하게 바뀌는 부류, 어간과 어미 둘 다 불규칙하게 바뀌는 부류로 나눌 수 있다.

	㉠	㉡
①	걸음이 빠름	꽃이 노람
②	잔치를 치름	공부를 함
③	라면이 불음	합격을 바람
④	우물물을 품	목적지에 이름

03 밑줄 친 말이 불규칙 활용 용언이 아닌 것은?

20. 국가직 7급

① 카페에는 조용한 음악이 <u>흘렀다</u>.

② 하늘이 맑고 <u>파래</u> 한참 동안 바라보았다.

③ 그들은 자정에 <u>이르러서야</u> 집에 도착했다.

④ 외출할 때는 반드시 가스 밸브를 <u>잠가야</u> 한다.

04 불규칙 활용을 하는 용언이 아닌 것은?

19. 서울시 9급 (2월)

① 묻다(問)

② 덥다(暑)

③ 낫다(愈)

④ 놀다(遊)

02 밑줄 친 부분의 활용형이 옳지 않은 것은?

20. 지방직 9급

① 집에 오면 그는 항상 사랑채에 <u>머물었다</u>.

② 나는 고향 집에 한 사나흘 <u>머무르면서</u> 쉴 생각이다.

③ 일에 <u>서툰</u> 것은 연습이 부족한 까닭이다.

④ 그는 외국어가 <u>서투르므로</u> 해외 출장을 꺼린다.

05 밑줄 친 용언의 활용형 중 가장 옳지 않은 것은?

18. 서울시 7급 (6월)

① 아주 <u>곤혹스런</u> 상황에 빠졌다.

② 할아버지께 <u>여쭈워</u> 보시면 됩니다.

③ 라면이 <u>붇기</u> 전에 빨리 먹어라.

④ 내 처지가 너무 <u>설워서</u> 눈물만 나온다.

06 ⊙ ~ ㉣의 음운 변동에 대한 설명으로 옳지 <u>않은</u> 것은? 20. 지방직 7급

보기
⊙ 식용유   ㉡ 헛걸음
㉢ 안팎일   ㉣ 입학생

① ⊙과 ㉢은 각각 음운의 첨가가 나타난다.

② ⊙과 ㉣은 각각 음운 변동 전과 후의 음운 개수가 같다.

③ ㉡과 ㉢은 각각 음운의 대치가 나타난다.

④ ㉡과 ㉣은 같은 유형의 음운 변동이 있다.

07 표준 발음으로 가장 옳지 <u>않은</u> 것은? 20. 서울시 9급

① 풀꽃아[풀꼬다]

② 옷 한 벌[오탄벌]

③ 넓둥글다[넙뚱글다]

④ 늙습니다[늑씀니다]

08 〈보기〉 중 음운 변동으로 음운의 수에 변화가 있는 단어를 <u>모두</u> 고른 것은? 18. 서울시 7급 (3월)

보기
ㄱ. 발전   ㄴ. 국화
ㄷ. 솔잎   ㄹ. 독립

① ㄱ, ㄴ   ② ㄱ, ㄹ

③ ㄴ, ㄷ   ④ ㄷ, ㄹ

09 음운 변동에 대한 설명으로 옳은 것은? 18. 지방직 7급

① 값진[갑찐]: 탈락, 첨가 현상이 있다.

② 밖과[박꽈]: 대치, 축약 현상이 있다.

③ 끓는[끌른]: 탈락, 대치 현상이 있다.

④ 밭도[받또]: 대치, 첨가 현상이 있다.

적중 예상문제

정답 및 해설 29p

01 밑줄 친 부분이 간접 높임의 예에 해당하지 **않는** 것은?

10. 서울시 7급. 변형

> **보기**
>
> 국어의 높임법에는 직접 높임과 간접 높임의 두 가지가 있다. 간접 높임이란 높임을 받는 대상과 관련된 말을 높임으로써 간접적으로 그 대상을 높이는 것을 말한다.

① 선생님은 자식이 많<u>으시</u>다.
② 할머니께서 손가락을 <u>다치셨</u>다.
③ 형님, 요즘 고민이 <u>있으신가요</u>?
④ 어머니는 발이 무척 <u>작으세요</u>.

02 다음 중 높임법이 잘못된 것은?

① 선생님이 도서관에 계십니다.
② 이 문제는 너무 어려우니 이따가 선생님께 물어보자.
③ 어머니께서 고민이 많으신 모양이다.
④ 선생님은 영희의 우승을 진심으로 축하해 주셨다.

03 다음 중 높임법이 올바른 것은?

① 주문하신 음료의 가격은 5,000원이십니다.
② 고객님, 잠시만 기다려 주십시오.
③ 환자분, 진료실은 이쪽이세요.
④ 적립금으로 수수료가 결제되셨습니다.

04 다음 중 높임 표현이 **잘못된** 부분을 바르게 고쳐 쓴 것은?

① 이 물건을 아버지에게 가져다 주어라.
  → 이 물건을 아버지에게 가져다 드려라.
② 철수야, 선생님이 너 빨리 오시래.
  → 철수야, 선생님께서 너 빨리 오시래.
③ 담임 선생님의 말씀이 계시겠습니다.
  → 담임 선생님의 말씀이 있으시겠습니다.
④ 고객님, 주문하신 신발은 품절이십니다.
  → 고객님, 주문한 신발은 품절이십니다.

05 다음 중 주체 높임법이 포함되지 **않은** 문장은?

① 할머니께서 오늘 우리 집에 오셨다.
② 교장 선생님께서는 고민이 있으시다.
③ 네 부모님께 이걸 갖다드려라.
④ 아버지께서는 유독 일찍 주무신다.

06 다음 중 객체 높임법이 사용되지 **않은** 문장은?

① 나는 아버지를 모시고 병원에 갔다.
② 아버지께 이 선물을 갖다드려라.
③ 할머니께서는 아이들을 데리고 소풍에 가셨다.
④ 공책을 가져다드렸다.

07 다음 중 높임법의 실현 방법이 객체 높임이 <u>아닌</u> 것은?

① 이번 주말엔 할머니를 뵈러 갈 예정이다.

② 영수가 벌써 이곳에 왔다 갔습니까?

③ 선생님께 이번 시험 결과를 여쭈어보아라.

④ 아버지께 생신 선물을 사드렸다.

08 <보기>의 밑줄 친 표현에 대한 설명으로 적절하지 <u>않은</u> 것은?

> 보기
>
> 　엄마, 할머니께서 이 반찬을 옆집 아주머니께 갖다 <u>드리라고</u> <u>하셨어요</u>.

① 할머니께서: 주체 높임법

② 아주머니께: 주체 높임법

③ 드리라고: 객체 높임법

④ 하셨어요: 상대 높임법

09 다음 문장의 밑줄 친 부분을 고쳐 쓴 것으로 적절하지 <u>않은</u> 것은?

① 할머니께서는 무릎이 <u>편찮으십니다</u>.
　- 아프십니다.

② 선생님의 훈화 말씀이 <u>계시겠습니다</u>.
　- 있으시겠습니다.

③ 부장님, 과장님께서 잠시 후에 <u>도착한대요</u>.
　- 도착하신대요.

④ 아버지께서는 큰 걱정거리가 <u>계신다</u>.
　- 있다.

10 다음 문장의 밑줄 친 부분을 높임법에 맞게 고쳐 쓴 것으로 적절하지 <u>않은</u> 것은?

① 손님께 번호를 <u>물어보고</u> 올게요.
　- 여쭤보고

② 의원님을 직접 <u>보게 되어</u> 영광입니다.
　- 뵙게 되어

③ 어머니께 회원가입 방법을 설명해 주느라 힘들었다. - 드리느라

④ 할아버지께서 <u>죽은 지도</u> 벌써 오 년이 다되어 간다. - 죽으신 지도

11 다음 중 상대 높임법의 종류가 <u>다른</u> 것은?

① 앞사람부터 차례로 지나가십시오.

② 저녁 메뉴는 어떤 것이 좋으십니까.

③ 탑승자는 손잡이를 반드시 잡으십시오.

④ 오늘 밤늦게 나가시오?

12 다음 중 높임 표현의 종류가 다른 것은?

① 어머니께서는 아침마다 운동을 다니신다.

② 지난달에는 이모를 모시고 등산을 갔다.

③ 의원님께서는 현재 사무실에 계신다.

④ 친구 어머니께서 나를 집에 초대하셨다.

13 다음 문장에서 높임을 받고 있는 대상으로 적절하지 않은 것은?

① 오빠가 할머니께 용돈을 드렸다. - 오빠

② 어르신은 연세에 비해 귀가 밝으시다. - 어르신

③ 부장님께 먼저 인사를 드리고 왔다. - 부장님

④ 명절마다 할머니께서는 환하게 우리를 맞아 주신다. - 할머니

14 다음 중 높임 표현이 적절하지 않은 것은?

① 지연이는 선생님께 여쭤볼 것이 있다.

② 그녀는 할머니를 모시고 음식점에 갔다.

③ 선생님, 내일 뵙고 할 말이 있습니다.

④ 할머니께서는 집에서 우리를 기다리고 계신다.

15 다음 중 높임 표현이 적절하지 않은 것은?

① 아버지께서 저녁밥을 만드셨다.

② 나는 선생님께 감사의 편지를 썼다.

③ 그는 선생님을 뵈러 학교에 갔다.

④ 손님, 말씀하신 옷은 없으십니다.

16 <보기>의 문장에 대한 설명으로 적절하지 않은 것은?

> 보기
>
> 아버지께서 할머니를 모시러 역으로 출발하셨다.

① '아버지께서'의 '께서'는 높임의 선어말 어미이다.

② '모시러'를 '데리러'로 바꾸면 적절하지 않은 문장이 된다.

③ 주체 높임법을 실현하기 위해 용언의 어간에 특정 어미가 결합하였다.

④ 행위의 주체와 행위가 미치는 대상에 모두 높임 표현이 적용되고 있다.

17 다음 중 간접 높임 표현이 사용된 문장은?

① 어머니는 자기 전 책을 읽으신다.

② 어머니께서는 거실에 계신다.

③ 어머니께서 쓰신 안경은 빛이 난다.

④ 어머니께서는 안경이 있으시다.

19 다음 중 높임 표현의 사용이 적절하지 <u>않은</u> 것은?

① 할머니께서는 많이 아프시다.

② 할머니께서 허리가 아프시다.

③ 아버지께서 밥을 드시고 계신다.

④ 선생님께서는 모아놓은 재산이 없으시다.

18 다음 중 압존법의 사용이 적절하지 <u>않은</u> 문장은?

① (손녀가 할머니에게) 할머니, 어제 아버지가 늦게 들어왔어요.

② (사원이 부장님에게) 부장님, 과장님이 이 서류를 전했습니다.

③ (손녀가 할머니에게) 할머니, 아버지가 계속 기다렸어요.

④ (학생이 교장 선생님에게) 교장 선생님, 담임 선생님이 이거 전달해달라고 했습니다.

20 압존법이 가장 올바르게 사용된 문장은?

① 할머니, 엄마가 전화해 달래.

② 순이야, 과장님께서 뭐라고 했니?

③ 사장님, 부장님은 퇴근했습니다.

④ 할아버지, 아버지가 진지를 드시라고 했어요.

필수 기출문제

정답 및 해설 32p

01 <보기>의 괄호 안에 들어갈 문장으로 적절한 것은?

19. 국가직 9급

> **보기**
>
> 국어의 높임법에는 말하는 이가 듣는 이에 대하여 높이거나 낮추어 말하는 상대 높임법, 서술어의 주체를 높이는 주체 높임법, 서술어의 객체를 높이는 객체 높임법 등이 있다. 이러한 높임 표현은 한 문장에서 복합적으로 실현되기도 하는데, (   )의 경우 대화의 상대, 서술어의 주체, 서술어의 객체를 모두 높인 표현이다.

① 아버지께서 할머니를 모시고 댁에 들어가셨다.

② 제가 어머니께 그렇게 말씀을 드리면 될까요?

③ 어머니께서 아주머니께 이 김치를 드리라고 하셨습니다.

④ 주민 여러분께서는 잠시만 제 이야기에 귀를 기울여 주시기 바랍니다.

02 "숙희야, 내가 선생님께 꽃다발을 드렸다."의 문장을 <보기>의 규칙에 따라 옳게 표시한 것은?

17. 지방직 9급 (6월)

> **보기**
>
> 우리말에는 주체 높임, 객체 높임, 상대 높임 등이 있다. 주체 높임과 객체 높임의 경우 높임은 + 로, 높임이 아닌 것은 - 로 표시하고 상대 높임의 경우 반말체를 - 로, 해요체를 + 로 표시한다.

① [주체 -], [객체 +], [상대 -]

② [주체 +], [객체 -], [상대 +]

③ [주체 -], [객체 +], [상대 +]

④ [주체 +], [객체 -], [상대 -]

03 <보기>의 문장에 사용된 높임법의 종류가 일치하는 것끼리 묶인 것은?

17. 기상직 9급

> **보기**
>
> ㄱ. 얘들아, 우리 빨리 이 과제 끝내자.
>
> ㄴ. 어머니께서 선생님께 이 편지를 드리라고 하셨어요.
>
> ㄷ. 할아버지께서는 우리들을 많이 사랑해주셔서 자주 뵙고 싶습니다.
>
> ㄹ. 잘 모르겠으면 아버지께 여쭤보는 게 좋겠어.

① ㄱ, ㄴ　　　　　　② ㄴ, ㄷ

③ ㄷ, ㄹ　　　　　　④ ㄱ, ㄴ, ㄷ

04 높임법의 쓰임이 적절한 것은? 18. 소방직 9급 (10월)

① 고객님이 주문하신 커피 나오셨습니다.

② 할아버지께서 네 방으로 오라고 하셨어.

③ 지금부터 사장님의 말씀이 계시겠습니다.

④ 어머니께서 제게 시간을 여쭈어보셨어요.

05 〈보기〉를 참고하여 문장에 실현되는 높임법을 분석할 때 다음 중 옳지 <u>않은</u> 것은? 19. 서울시 7급 (2월)

> 보기
>
> 국어의 높임법에는 주체 높임법, 객체 높임법, 상대 높임법이 있다. 이처럼 다양한 높임법을 체계적으로 살펴보기 위해서 아래의 **예**와 같이 이들 높임법이 문장에 나타날 때와 그렇지 않을 때를 '+'와 '-'로 표시할 수 있을 것이다.
>
> **예** 영수가 동생에게 과자를 주었습니다.
>
> (-주체, -객체, +상대)

① 어머니께서 영희에게 과자를 주셨다.

　[+주체], [-객체], [-상대]

② 영희가 할머니께 과자를 드렸다.

　[-주체], [+객체], [+상대]

③ 어머니께서 영희에게 과자를 주셨습니다.

　[+주체], [-객체], [+상대]

④ 어머니께서 할머니께 과자를 드리셨습니다.

　[+주체], [+객체], [+상대]

06 높임법에 대한 설명으로 옳지 <u>않은</u> 것은? 17. 국가직 9급 (10월)

> ㄱ. 할아버지께서 노인정에 가셨습니다.
>
> ㄴ. 선생님께서는 휴일에는 댁에 계십니다.
>
> ㄷ. 여러분, 아이들을 자리에 앉혀 주십시오.
>
> ㄹ. 우리는 할머니를 모시고 산책을 다녀왔다.

① ㄱ, ㄴ: 문장의 주체를 높이고 있다.

② ㄱ, ㄴ, ㄷ: 듣는 이를 높이고 있다.

③ ㄴ, ㄹ: 특수한 어휘를 사용하여 높임을 표현하고 있다.

④ ㄷ, ㄹ: 목적어를 높이고 있으므로 객체를 높이는 표현이다.

07 높임법의 쓰임이 <u>다른</u> 것은? 20. 소방직 9급

① 내일은 잊지 않고 어머니께 편지를 보내 드려야겠다.

② 오늘도 할머니께서는 경로당에서 시간을 보내셨다.

③ 선생님께서 누나와 함께 와도 좋다고 하셨다.

④ 큰아버지께서는 나를 무척 아끼셨다.

08 높임 표현의 쓰임이 적절하지 <u>않은</u> 것은? 19. 지방직 7급

① 부장님, 넥타이가 잘 어울리시네요.

② 어머님, 아비가 아직 안 들어왔습니다.

③ 선생님, 어머니께서 위임장을 주셨습니다.

④ 시장님, 저에게 여쭤보셨던 내용을 검토했습니다.

적중 예상문제　　　정답 및 해설 34p

01 밑줄 친 단어 중 맞춤법에 <u>어긋나는</u> 것은?

17. 기상직 9급. 변형

① 그녀는 자기 의견을 <u>누누이</u> 주장했다.
② 큰 잔에 술을 <u>담뿍</u> 따랐다.
③ 이번 방학에는 <u>사뭇</u> 바빴다.
④ 날이 추우니 <u>닁큼</u> 집에 들어가라.

02 밑줄 친 말이 한글 맞춤법 규정에 <u>어긋나는</u> 것은?

① 사용 후에는 <u>휴계실</u>의 불을 꺼야지
② 어른들은 <u>으레</u> 자랑을 늘어놓곤 한다.
③ 구차한 <u>핑계</u>는 더 이상 통하지 않아.
④ 학교 <u>게시판</u>에 관련 공지가 붙어있습니다.

03 다음 중 <보기>의 한글 맞춤법 규정에 <u>어긋나는</u> 것은?

> 보기
>
> 　받침 'ㄱ, ㅂ' 뒤에서 나는 된소리는, 같은 음절이나 비슷한 음절이 겹쳐 나는 경우가 아니면 된소리로 적지 아니한다.

① 몹시　　　　　② 딱지
③ 국수　　　　　④ 법썩

04 <보기>의 밑줄 친 단어에 대한 설명으로 적절하지 <u>않은</u> 것은?

> 보기
>
> 　어른을 만날 땐 <u>예의</u>를 지키고, 항상 <u>규율</u>에 맞게 <u>선량</u>하게 살아야 한다.

① 두음 법칙이란 단어의 첫머리의 'ㄴ, ㄹ'이 탈락하거나 교체되는 현상을 의미한다.
② '예의(例義)'는 한자음 '례'가 단어의 첫머리에 위치할 경우 '예'로 적는 두음 법칙이 적용된 예시이다.
③ '규율(規律)'은 '규율'과 '규률' 두 가지 표기가 모두 허용된다.
④ '선량(善良)'의 '량'은 본래 발음되는 방식으로 작성하였으므로 적절한 표기 방식이다.

05 밑줄 친 단어의 맞춤법이 옳은 것은?

① 그렇게 <u>째째하게</u> 굴지 마라.
② 저놈은 <u>허구헌</u> 날 사고만 친다.
③ 그 이야기를 듣자 <u>웬지</u> 불안해졌다.
④ 오늘은 밥이 <u>찰지게</u> 잘 되었다.

06 밑줄 친 말이 한글 맞춤법 규정에 어긋나는 것은?

① 수백 명의 사람들이 달맞이 행사에 참여하였다.

② 그녀는 굳이 그 자리에 참석하였다.

③ 내 동생은 태어날 때부터 귀머거리였다.

④ 지난해 놀음에 빠져 전 재산을 잃었다.

07 밑줄 친 말이 한글 맞춤법 규정에 어긋나는 것은?

① 이 장소를 사용하기 위해서는 다달이 돈을 내야한다.

② 매일 바늘질을 하니 실력이 늘었다.

③ 삐뚤어진 덧니 때문에 치열이 고르지 않다.

④ 며칠 동안 핸드폰만 보며 연락을 기다리고 있다.

08 다음 복합어 중 그 원형을 밝혀 적은 단어로만 구성된 것은?

① 부리나케, 소나무, 우짖다

② 낚시, 덮개, 많이

③ 업신여기다, 골병, 골탕

④ 사흗날, 마소, 할아버지

09 다음 중 <보기>의 경우에 해당되는 단어로만 구성된 것은?

> 보기
>
> 사이시옷은 순우리말과 한자어로 된 합성어로서 앞말이 모음으로 끝난 경우에 뒷말의 첫소리가 된소리로 발음되면 받치어 적는다.

① 핏기, 찻잔, 고랫재

② 찻종, 햇수, 텃줄

③ 전셋집, 두렛일, 나룻배

④ 냇가, 나뭇가지, 귓밥

10 다음 중 준말의 형태가 적절하지 <u>않은</u> 것은?

① 본말: 간편하게 – 준말: 간편케

② 본말: 정결하다 – 준말: 정결타

③ 본말: 거북하지 – 준말: 거북지

④ 본말: 그렇지 않은 – 준말: 그렇찮은

11 다음 중 <보기>에 해당하는 단어들로 이루어진 것은?

> 보기
>
> 부사의 끝음절이 '이', '히'로 나는 것은 '–히'로 적는다.

① 솔직히, 각별히, 나른히

② 능히, 당당히, 엄격히

③ 조용히, 간소히, 정확히

④ 도저히, 분명히, 급히

12 밑줄 친 단어 중에서 다음의 한글 맞춤법 규정이 적용된 것이 <u>아닌</u> 것은?

> 보기
>
> **제20항** 명사 뒤에 '-이'가 붙어서 된 말은 그 명사의 원형을 밝히어 적는다.
>
> **[붙임]** '-이' 이외의 모음으로 시작된 접미사가 붙어서 된 말은 그 명사의 원형을 밝히어 적지 아니한다.

① 우리 집 강아지는 <u>바둑이</u>다.

② 비를 맞아서 <u>꼬락서니</u>가 말이 아니다.

③ <u>이파리</u>가 바람에 흔들린다.

④ 원고 접수는 내일이 <u>마감</u>이다.

13 밑줄 친 단어 중에서 다음의 한글 맞춤법 규정이 적용된 것이 <u>아닌</u> 것은?

15. 제1차 경찰공무원. 변형

> 보기
>
> **제19항** 어간에 '-이'나 '-음/-ㅁ'이 붙어서 명사로 된 것과 '-이'나 '-히'가 붙어서 부사로 된 것은 그 어간의 원형을 밝히어 적는다.
>
> **[붙임]** 어간에 '-이'나 '-음' 이외의 모음으로 시작된 접미사가 붙어서 다른 품사로 바뀐 것은 그 어간의 원형을 밝히어 적지 아니한다.

① <u>무덤</u> 주변이 을씨년스럽다.

② 와인병 <u>마개</u>를 잘 막아라.

③ 산 <u>너머</u>로 해가 진다.

④ <u>바가지</u>로 쌀을 퍼 담았다.

14 <보기>의 ⊙과 ⓒ의 예로 바르게 짝지어진 것은?

> 보기
>
> 한글 맞춤법은 표준어를 ⊙ 소리대로 적되, ⓒ 어법에 맞도록 함을 원칙으로 한다.

	⊙	ⓒ
①	무덤	이파리
②	흩어지다	쓰러지다
③	사랑니	믿음
④	낮잠	먹이

15 다음 중 단어의 표기에 대한 이해가 올바르지 <u>않은</u> 것은?

① 두음 법칙은 음운 환경에 따라 달리 사용되기도 하므로 '백분율(百分率)'과 '합격률(合格率)'의 표기는 모두 올바르다.

② 단어의 첫머리 외에는 두음 법칙이 적용되지 않기 때문에 '여자(女子)'와 달리 '남녀(男女)'로 표기하는 것이 올바르다.

③ '란(欄)'은 고유어나 외래어, 한자어 뒤에서 모두 두음 법칙이 적용되지 않기 때문에 '가십란'과 '가정란(家庭欄)'으로 표기하는 것이 모두 올바르다.

④ 접두사처럼 쓰이는 한자가 붙어서 된 말도 두음 법칙이 적용되므로 '역이용(逆利用)'도 '이용(利用)'처럼 두음 법칙을 적용한 표기가 올바르다.

16 다음 중 밑줄 친 단어의 표기가 모두 올바른 것은?

① 나라님도 머리돌을 함부로 하지 못했다.

② 딸국질이 계속해서 멈추지 않는다.

③ 걷잡을 수 없는 불길에 덤저고리가 탔다.

④ 살코기만 골라 먹는다고 숟가락을 빼앗겼다.

17 다음 중 밑줄 친 부분의 표기가 올바른 것은?

① 나는 네가 공부를 하던지 말던지 상관 안 써.

② 기분이 안 좋다가도 금새 기분이 좋아졌다.

③ 이런 설레임은 오랜만에 느껴보는 것 같아.

④ 책을 보는 방식이 정말 희한하다.

18 다음 중 밑줄 친 단어의 맞춤법이 옳지 <u>않은</u> 것은?

① 이 대회는 젊은 화가들의 등용문이다.

② 이번에 년이율 5%의 적금을 들었다.

③ 작게 내부의 분열이 생기기 시작했다.

④ 나는 역량 있는 사람이 되는 것이 꿈이

19 다음 중 각 단어에 대한 설명으로 적절하지 <u>않은</u> 것은?

① 햅쌀: 두 말이 어울릴 적에 'ㅂ' 소리가 덧나는 것은 소리대로 적는다.

② 수캐: '수ㅎ개'로 'ㅎ'소리가 덧날 때 소리대로 적는다.

③ 안팎: 두 말이 어울릴 때 어원이 분명하지 않은 단어는 어원을 밝혀 적지 아니한다.

④ 수고양이: '수컷'과 다르게 '수고양이'는 '수코양이'로 적지 않는다.

20 다음 중 밑줄 친 단어의 맞춤법이 옳지 <u>않은</u> 것은?

① 온 마을 사람들이 텃마당에 모이곤 했다.

② 내가 가장 좋아하는 찻잔을 선물로 줄게

③ 몇 번이나 시도했는지 그 횟수가 중요하다.

④ 아무 말없이 그녀는 베개잇을 적셨다.

필수 기출문제 정답 및 해설 38p

01 ⊙~@ 중 한글 맞춤법에 맞게 쓰인 것만을 모두 고르면? 23. 국가직 9급

> 보기
> • 혜인 씨에게 ⊙ 무정타 말하지 마세요.
> • 재아에게는 ⓒ 섭섭치 않게 사례해 주자.
> • 규정에 따라 딱 세 명만 ⓒ 선발토록 했다.
> • @ 생각컨대 그의 보고서는 공정하지 못했다.

① ⊙, ⓒ   ② ⊙, ⓒ
③ ⓒ, @   ④ ⓒ, @

02 밑줄 친 단어가 표준어 규정에 맞게 쓰인 것은? 23. 국가직 9급

① 저기 보이는 게 암염소인가, <u>수염소</u>인가?
② 오늘 윗층에 사시는 분이 이사를 가신대요.
③ 봄에는 여기저기에서 <u>아지랭이</u>가 피어오른다.
④ 그는 수업을 마치면 <u>으레</u> 친구들과 운동을 한다.

03 밑줄 친 단어의 쓰임이 올바르지 <u>않은</u> 것은? 23. 지방직 9급

① 이 일은 정말 힘에 <u>부치는</u> 일이다.
② 그와 나는 전부터 <u>알음</u>이 있던 사이였다.
③ 대문 앞에 서 있는데 대문이 저절로 <u>닫혔다</u>.
④ 경기장에는 <u>걷잡아서</u> 천 명이 넘게 온 듯하다.

04 어문 규정에 맞지 <u>않는</u> 문장은? 20. 소방직 9급

① 이 건물은 학교의 체육관이요, 그 옆 건물은 본관이다.
② 저 두 사람은 부부가 아니오, 친구이다.
③ 늦지 않게 빨리 오시오.
④ 이것은 책이 아니오.

05 밑줄 친 말 중 맞춤법에 따라 올바르게 쓰인 것은? 18. 기상직 9급

① 그는 돈이 없어서 막걸리도 <u>푼푼이</u> 못 마셨다.
② 그 서점은 내가 <u>오면가면</u> 들르는 곳이다.
③ 그는 숨바꼭질을 하면서 갈잎 <u>낫가리</u> 속에 숨었다.
④ 나는 가방을 <u>엇다가</u> 두었는지 기억이 나지 않는다.

06 다음 밑줄 친 어휘가 표준어가 <u>아닌</u> 것은?

19. 경찰직 (2차)

① 내 친구는 <u>맨날</u> 컴퓨터 게임만 해서 걱정이야.

② 운동을 많이 했더니 <u>장단지</u>가 뭉쳐서 아프네.

③ 철수는 <u>짜장면</u>을 즐겨 먹어.

④ 영수가 칠판에 글을 <u>개발새발</u> 그려놓았어.

07 밑줄 친 어휘의 표기가 옳은 것은?

17. 지방직 7급

① 달걀 파동으로 <u>먹거리</u>에 대한 관심이 높아졌다.

② 식당에서 <u>깍두기</u>를 더 주문했다.

③ 손님은 종업원에게 당장 주인을 불러오라고 <u>닥달하였다</u>.

④ 작은 문 옆에 차가 드나들 수 있을 만큼 <u>넓다란</u> 길이 났다.

08 밑줄 친 말의 쓰임이 올바른 것은?

22. 지방직 9급

① 습관처럼 중요한 말을 <u>되뇌이는</u> 버릇이 있다.

② 나는 친구 집을 찾아 골목을 <u>헤매이고</u> 다녔다.

③ 너무 급하게 밥을 먹으면 목이 <u>메이기</u> 마련이다.

④ 그는 어린 시절 기계에 손가락이 <u>끼이는</u> 사고를 당했다.

09 밑줄 친 말이 복수 표준어가 <u>아닌</u> 것은? 22. 간호직 8급

① 화단에 있는 흙이 <u>찰지다/차지다</u>.

② 글을 <u>읽으려야/읽을래야</u> 읽을 수가 없다.

③ 너무 어지러워서 하늘이 다 <u>노라네/노랗네</u>.

④ 누가 그런 <u>주책없는/주책인</u> 소리를 하더냐?

10 〈보기〉 중 「외래어 표기법」에 맞지 <u>않는</u> 단어의 개수는? 20. 서울시 9급

> 보기
>
> 로봇(robot), 배지(badge), 타깃(target),
> 텔레비전(television), 플룻(flute)

① 1개 　　　　② 2개

③ 3개 　　　　④ 4개

11 밑줄 친 외래어 표기가 옳은 것은? 20. 지방직 7급

① 그 주제로 <u>심포지엄</u>을 열었다.

② 위험물 주위에 <u>바리케이트</u>를 쳤다.

③ 이 광고에 대한 <u>컨셉트</u>를 논의했다.

④ 인터넷을 통해 많은 <u>컨텐츠</u>가 제공되었다.

적중 예상문제

정답 및 해설 40p

01 <보기>와 같은 유형의 <u>잘못된</u> 표현을 하고 있는 문장은?

> 보기
>
> 할머니께서는 가까운 근교에 거주하고 계신다.

① 이 건물의 유일한 출구는 저쪽입니다.
② 나는 아침으로 밥과 커피를 마셨다.
③ 그는 화를 겉으로 표출하는 습관이 있다.
④ 그녀는 선생님으로써의 책임을 다 해야 한다.

02 다음 중 의미 중복이 <u>없는</u> 문장은?

① 지금 보시는 물건은 이번에 새로운 신제품입니다.
② 꼭 입장권을 미리 예매해 놓아야 한다.
③ 그는 빼어난 수재이다.
④ 수업이 시작하기 전에 저번 내용을 예습했다.

03 다음 중 표현이 가장 자연스러운 것은?

① 책을 다 읽고 내용을 간단히 요약하였다.
② 기름의 높은 고온 때문에 화상을 입었다.
③ 아이들을 위하여 발차기 자세를 시범하였다.
④ 반대에 투표한 인원이 과반수를 넘었다.

04 다음 중 어법에 맞고 자연스러운 문장은?

① 저희들을 축복하고 격려하여 주신 데 감사드립니다.
② 장관들의 의견은 비정규직 문제에 관심을 갖자는 데 뜻을 모았다.
③ 시민들의 불만이 밖으로 표출되어 시위가 일어났다.
④ 두발 규정은 학생들의 토론을 거쳐 결정되어져야 한다고 말했다.

05 <보기>와 같은 유형의 <u>잘못된</u> 표현을 하고 있는 문장은?

> 보기
>
> 학생은 결코 담배를 금지한다.

① 나는 참을 수 없는 절망적인 감정이었다.
② 너보고 선생님께서 교무실로 오시라고 한다.
③ 요즘 종종 이유 없이 눈물이 났었다.
④ 비록 내일이 시험일뿐이지만 오늘 놀이공원을 갈 것이다.

06 주어와 서술어가 서로 호응하고 있지 <u>않은</u> 문장은?

① 이것은 나의 문제점을 모두 예방해 줄 것이다.
② 우리의 반도체 기술은 아직 초보자이다.
③ 진지한 대화를 계속해서 토론하였다.
④ 나는 지난주에 원서를 제출한다.

07 다음 중 의미 중복이 <u>없는</u> 문장은?

① 중요한 사안들은 서로 상의해서 결정하자.

② 이것은 둘로 양분될 수 없는 문제점이다.

③ 토론 과제에 대해서 간단히 요약해줘.

④ 자아 설립을 위해서는 행동을 자각해야 한다.

08 주어와 서술어가 서로 호응하고 있지 <u>않은</u> 문장은?

① 제 목표는 주변인들과 잘 지내고 싶습니다.

② 건강하기 위해서는 모름지기 밥을 열심히 먹는다.

③ 과연 노력하는 사람은 다르긴 다르구나

④ 내가 게을러서 청소는 열심히 한다.

09 밑줄 친 조사의 사용이 적절하지 <u>않은</u> 것은?

① 부정행위에 대해 주최측<u>에</u> 항의하였다.

② 결국 우리나라가 일본<u>에</u> 이겼다.

③ 정부<u>에게</u> 책임을 물어라.

④ 그렇지만 그녀<u>에게</u> 불만이 있는 것은 아니다.

10 다음 중 표현이 적절하지 <u>않은</u> 것은?

① 아버지, 늦기 전에 저녁 잡수세요.

② 할머니의 강아지가 얌전히 앉아 있으시다.

③ 고객님께서 지불하셔야 할 금액은 총 3만 원입니다.

④ 나는 맨날 어머니께 꾸지람을 듣는다.

11 다음 중 표현이 적절하지 <u>않은</u> 것은?

① 저도 사장님께 말할 건의 사항이 있습니다.

② 할머니께서는 항상 밥을 늦게 잡수신다.

③ 지금부터는 선생님께서 진행하시면 됩니다.

④ 어머니 제 말씀 좀 들어주세요.

12 다음 중 밑줄 친 표현이 적절하지 않은 것은?

① 내가 그만 그녀를 울게 했다.

② 파도가 많이 치는 바다에 배를 띄웠다.

③ 자기 전에 꼭 문을 잘 잠궈라.

④ 그가 잠들기 전에 약을 먹게 했다.

13 다음 중 중의적으로 해석될 수 있는 문장이 아닌 것은?

① 그는 오늘따라 말이 많다.

② 중간고사에서 몇 문제 풀지 못했다.

③ 그는 양말을 신고 있다.

④ 나는 어제 현호와 아현이를 각각 만났다.

14 다음 중 중의적으로 해석될 수 있는 문장이 아닌 것은?

① 시험 문제를 다 맞지 않았다.

② 내가 보고 싶은 친구들이 많다.

③ 그 여자아이는 여우다.

④ 그녀는 학교에는 가지 않았다.

15 다음 중 문장의 사용이 적절한 것은?

① 기필코 이번 평가에서는 일등이다.

② 중요한 것은 그가 범인이 아니다.

③ 오늘은 바람과 천둥이 치는 날씨이다.

④ 그는 여간 화난 것이 아니었다.

16 <보기>에서 문장을 적절하게 고쳐 쓴 것을 모두 고른 것은?

보기

1. 우리는 속기도 하고 남을 속이기도 한다.
   → ㉠ 우리는 남에게 속기도 하고 남을 속이기도 한다.

2. 무엇보다 중요한 점은 목표가 분명해야 한다.
   → ㉡ 무엇보다 중요한 점은 목표가 확실해야 한다.

3. 이것은 비단 우리 집만의 문제였다.
   → ㉢ 이것은 비단 우리 집만의 문제기 때문이다.

4. 남편은 나보다 야구를 더 좋아한다.
   → ㉣ 남편은 내가 야구를 좋아하는 것보다 더 야구를 좋아한다.

---

① ㉠, ㉡   ② ㉠, ㉣

③ ㉡, ㉢   ④ ㉢, ㉣

17 <보기 1>의 ㉠ ~ ㉣ 중 <보기 2>를 수정하는 데 필요한 것으로 적절한 것은?

보기 1

문장을 수정할 때는 아래와 같은 사항을 점검해야 한다.

㉠ 문장의 필수 성분이 다 갖추어져 있는가?

㉡ 불필요한 의미 중복 표현이 사용되지는 않는가?

㉢ 조사가 적절하게 사용되었는가?

㉣ 어미가 적절하게 사용되었는가?

보기 2

약물의 오남용은 심각한 부작용을 초래할 수 있으니, 약을 먹을 때는 반드시 약사에게 상의하십시오.

① ㉠   ② ㉡

③ ㉢   ④ ㉣

19 ㉠ ~ ㉣의 사례로 적절하지 <u>않은</u> 것은?

보기

   잘못된 문장의 대표적인 유형으로는 ㉠주어와 서술어가 호응하지 않는 경우, ㉡부사어와 서술어가 호응하지 않는 경우, ㉢서술어가 요구하는 문장성분이 생략된 경우, ㉣서술어가 부적절하게 생략된 경우 등이 있다.

① ㉠: 이 동네는 태어난 곳은 아니다.

② ㉡: 설마 영수가 밥을 먹었다.

③ ㉢: 그는 새로 산 가방과 바지를 입었다.

④ ㉣: 아이들이 춤과 노래를 부르고 있다.

18 다음 중 단어의 중복이 드러나지 <u>않는</u> 문장은?

① 기상청에서 눈이 내릴 것이라고 미리 예고했다.

② 집 앞에서 주말마다 벼룩시장이 열린다.

③ 신작로가 새로 생겨서 차가 많아졌다.

④ 실내 공기를 자주 환기해 주세요.

20 다음 중 문법적으로 가장 정확한 문장은?

① 가을바람에 하늘을 가볍게 날으는 은행잎!

② 나는 웃으면서 다가오는 그 사람을 바라보았다.

③ 자식은 부모를 실망시키기도 하고, 또 실망하기도 한다.

④ 나는 행복을, 동생은 사랑을 가장 좋아하는 단어로 꼽았다.

필수 기출문제 정답 및 해설 44p

01 다음 중 자연스러운 문장은? 21. 국가직 9급

① 날씨가 선선해지니 역시 책이 잘 읽힌다.

② 이렇게 어려운 책을 속독으로 읽는 것은 하늘의 별 따기이다.

③ 내가 이 일의 책임자가 되기보다는 직접 찾기로 의견을 모았다.

④ 그는 시화전을 홍보하는 일과 시화전의 진행에 아주 열성적이다.

02 다음 중 의미 중복이 없는 문장은? 19. 지방직 7급

① 투고한 원고는 돌려주지 않습니다.

② 나는 아무 생각 없이 길거리를 도보로 걸었다.

③ 요즈음 남자들의 절반은 담배를 피우지 않는다.

④ 버스 안에 탄 승객은 우리와 자매결연을 맺은 분들이다.

03 (가) ~ (라)의 고쳐 쓰기 방안으로 적절하지 않은 것은? 21. 지방직 9급

> (가) 현재 우리 구청 조직도에는 기획실, 홍보실, 감사실, 행정국, 복지국, 안전국, 보건소가 있었다.
>
> (나) 오늘은 우리 시청이 지양하는 '누구나 행복한 ○○시'를 실현하기 위한 추진 방안을 논의합니다.
>
> (다) 지난달 수해로 인한 준비 기간이 짧았기 때문에 지역 축제는 예년보다 규모가 줄어들었다.
>
> (라) 공과금을 기한 내에 지정 금융 기관에 납부하지 않으면 연체료를 내야 한다.

① (가): '있었다'는 문맥상 시제 표현이 적절하지 않으므로 '있다'로 고쳐 쓴다.

② (나): '지양'은 어떤 목표로 뜻이 쏠리어 향한다는 의미인 '지향'으로 고쳐 쓴다.

③ (다): '지난달 수해로 인한'은 '준비 기간'을 수식하는 절이 아니므로 '지난달 수해로 인하여'로 고쳐 쓴다.

④ (라): '납부'는 맥락상 금융 기관이 돈이나 물품 따위를 받아 거두어들인다는 '수납'으로 고쳐 쓴다.

04 문장 성분의 호응이 자연스러운 것은? 20. 국가직 9급

① 내가 강조하고 싶은 점은 우리가 고유 언어를 가졌다.

② 좋은 사람과 대화하며 함께한 일은 즐거운 시간이었다.

③ 내 생각은 집을 사서 이사하는 것이 좋겠다고 결정했다.

④ 그는 내 생각이 옳지 않다고 여러 사람 앞에서 말을 하였다.

05 다음 중 가장 어법에 맞고 자연스러운 것은?

19. 경찰직 (2차)

① 그 계획은 가능한 한 빨리 실행되어야 한다.
② 철수는 근거 없는 낭설에 휘말려 곤혹스러웠다.
③ 내가 너에게 하고 싶은 이야기는 힘든 일이 있더라도 잘 극복하길 바란다.
④ 영희는 철수와 싸운 뒤로 일체 대화를 하지 않는다.

06 ㉠ ~ ㉣의 고쳐 쓰기 방안으로 적절하지 않은 것은?

20. 국가직 9급

㉠ 공사하는 기간 동안 안전사고가 일어나지 않도록 유의해 주십시오.
㉡ 오늘 오후에 팀 전체가 모여 회의를 갖겠습니다.
㉢ 비상문이 열려져 있어 신속하게 대피할 수 있었다.
㉣ 지난밤 검찰은 그를 뇌물 수수 혐의로 구속했다.

① ㉠: '기간'과 '동안'은 의미가 중복되므로 '공사하는 기간 동안'은 '공사하는 동안'으로 고쳐 쓴다.
② ㉡: '회의를 갖겠습니다'는 번역 투이므로 '회의하겠습니다'로 고쳐 쓴다.
③ ㉢: '열려져'는 '-리-'와 '-어지다'가 결합한 이중 피동 표현이므로 '열려'로 고쳐 쓴다.
④ ㉣: 동작의 대상에게 행위의 효력이 미친다는 의미를 제시해야 하므로 '구속했다'는 '구속시켰다'로 고쳐 쓴다.

07 다음 문장 중 어법에 가장 맞는 것은?

19. 서울시 9급 (2월)

① 금융 당국은 내년 금리가 올해보다 더 오를 것으로 내다보면서 대출 이자율이 2% 이상 오를 것으로 예측하였다.
② 작성 내용의 정정 또는 신청인의 서명이 없는 서류는 무효입니다.
③ 12월 중에 한-중 정상회담이 다시 한 번 열릴 것으로 보여집니다.
④ 그의 목표는 세계 최고의 축구 선수가 되는 것이었고, 그래서 단 하루도 연습을 쉬지 않았다.

08 가장 자연스러운 문장은?

22. 간호직 8급

① 내가 가고 싶은 곳은 내 친구가 그곳을 방문했다.
② 이 시는 토속적인 시어의 사용과 현장감을 높이고 있다.
③ 사고 운전자가 구호 조치를 하지 않고 도주하면 가중 처벌을 받습니다.
④ 그 일이 설령 실패했지만 실패도 성공의 과정이므로 절대 실망할 필요가 없다.

해커스 신민숙 쉬운국어 빈출 어법 200제 실전편

어법 하프모의고사

정답 및 해설 46p

01 다음 중 밑줄 친 단어의 품사가 다른 하나는?

① 오늘부터 우리 열심히 공부를 <u>하자</u>.

② 큰 트럭이 내 앞을 <u>가로막았다</u>.

③ 그는 어린 신입사원에게 자꾸 술을 <u>권한다</u>.

④ 그녀의 계속된 집착이 <u>부담스럽다</u>.

02 밑줄 친 부분의 문장 성분이 다른 것은?

① 너 그 <u>핸드폰</u> 어디에 났니?

② 그는 잘생겼는데 <u>운동도</u> 잘한다.

③ 밤늦게 <u>아버지께서</u> 오셨다.

④ 너 아침에 <u>약</u> 먹었어?

03 <보기>의 ㉠, ㉡ 문장에 대한 설명으로 옳은 것은?

> 보기
>
> ㉠ 나는 그가 수석을 했다는 기사를 보았다.
> ㉡ 나는 그의 수석 사실이 쓰인 기사를 보았다.

① ㉠은 명사절이 안겨있는 문장이다.

② ㉡은 관계 관형절이 안겨있는 문장이다.

③ ㉠의 안긴 문장에는 필수적 부사어가 생략되어 있다.

④ ㉡의 안긴 문장에는 주어가 생략되어 있다.

04 다음 중 파생어로만 구성된 것은?

① 불호령, 불고기, 날고기

② 멋쟁이, 풋과일, 불개미

③ 맞선, 절름발이, 젊은이

④ 생김새, 틈새, 날개

05 다음 중 띄어쓰기가 적절하지 <u>않은</u> 문장은?

① 마치 그는 나를 잘 아는 척을 한다.

② 이런 순간은 인생에 다시 없을 듯 하다.

③ 그녀는 어렸을 때부터 상대성 이론을 독학했다.

④ 오늘부터 기말고사가 시작이다.

06 밑줄 친 단어 중 용언의 불규칙 활용 예시가 <u>아닌</u> 것은?

① 얼른 병이 <u>나았으면</u> 좋겠다.

② 기계는 퇴근 전에 <u>꺼라</u>.

③ 큰 그릇에 <u>퍼</u> 담아라.

④ 내 마음을 꾹꾹 눌러 담았다.

07 다음 중 비음화의 예시가 <u>아닌</u> 것은?

① 급류, 담력

② 맏며느리, 앞날

③ 백로 , 독립

④ 국물, 난로

08 다음 중 간접 높임법이 적용된 문장은?

① 오늘 어머니께서 밥을 가져다주셨다.

② 오늘이 시험보는 날인데 펜 있으세요?

③ 아픈 할머니를 모시고 병원에 왔다.

④ 그분에 대한 얘기는 많이 들었어요.

09 다음 중 맞춤법에 맞지 <u>않는</u> 표현은?

① 버텼다, 치였다, 견뎠다

② 섣달, 숟가락, 사흗날

③ 쌀전, 마소, 다달이

④ 홋일, 툇마루, 숫자

10 다음 중 문장 성분의 호응이 적절하지 <u>않은</u> 것은?

① 가장 중요한 것은 그녀가 최선을 다했다는 것이다.

② 비단 그것은 우리나라의 문제가 아니었다.

③ 모름지기 학생은 공부를 해야 한다.

④ 이 차는 짐과 사람을 싣고 한참을 달렸다.

정답 및 해설 48p

01 다음 중 밑줄 친 단어의 품사가 <u>다른</u> 하나는?

① 저기 있는 사과 <u>하나</u>만 주세요.
② 강연 신청자는 총 <u>열</u> 명이야.
③ 일곱에 열을 더하면 <u>열일곱</u>이다.
④ 오늘 새로 등록한 사람은 <u>여섯</u>이다.

02 다음 중 밑줄 친 문장 성분이 주성분에 해당하지 <u>않는</u> 것은?

① 많은 농구 선수들은 <u>키가</u> 크다.
② 그런 짓을 하는 사람은 <u>인간이</u> 아니다.
③ <u>학교에서</u> 가을 운동회 날짜를 확정했다.
④ 나의 <u>상상에서</u> 시작된 영화는 성공적이었다.

03 다음 중 종속적으로 이어진 문장이 <u>아닌</u> 것은?

① 집에 가거든 식탁 위에 찌개를 먹으렴.
② 부모님이 엄하지만 그는 항상 밤늦게 들어온다.
③ 아침엔 일어나자마자 세수를 한다.
④ 한창 공부하고 있는데, 부모님이 나를 방해했다.

04 다음 중 합성어로만 구성된 것은?

① 살코기, 그만두다, 새해
② 김치찌개, 부슬비, 슬픔
③ 치솟다, 참깨, 오가다
④ 시동생, 소나무, 나가다

05 다음 중 밑줄 친 단어의 띄어쓰기가 적절하지 <u>않은</u> 것은?

① 그녀는 나에게 물 한 <u>잔</u>을 주었다.
② 그의 발밑에 소주 <u>한병</u>이 굴러다니고 있었다.
③ 여기서는 한 발자국도 더 <u>못 가</u>.
④ 실수로 접시를 <u>깨뜨려버렸다</u>.

06 다음 밑줄 친 단어 중 용언의 규칙 활용 예시가 <u>아닌</u> 것은?

① 햇빛 아래서 <u>조니</u> 너무 좋다.
② 더우면 옷을 <u>벗어</u>.
③ 마지막에 <u>이르러야</u> 비로소 평온을 찾았다.
④ 큰 시험을 <u>치러</u> 진이 빠졌다.

07 다음 중 표준 발음에 대한 표기가 적절하지 <u>않은</u> 것은?

① 닿다[다타], 할 적[할 쩍]

② 활성[활썽], 봄바람[봄빠람]

③ 십리[심니], 권리[궐리]

④ 깎다[각따], 있다[이따]

08 다음 중 객체 높임법이 사용된 문장은?

① 이 신문을 저기 갖다 드리렴.

② 삼촌께서는 기분이 안 좋으시다.

③ 항상 안 좋은 생각만 하는군요.

④ 할머니께서는 귀가 밝으시다.

09 다음 중 맞춤법에 맞지 <u>않는</u> 표현은?

① 도로가 이곳저곳 패어 있다.

② 마음을 추스르는 일은 어렵다.

③ 그는 급하게 도로 중간에 섰다.

④ 밤늦게 찾아봬서 죄송합니다.

10 다음 중 밑줄 친 부분의 표현이 어색하지 <u>않은</u> 것은?

① 오랜 시간 서로 <u>상의하고</u> 결정해 줘.

② 통계를 보았을 때 그것은 <u>예견된</u> 일이었다.

③ 겨우 취업 준비를 끝내고 회사에 <u>입사했다</u>.

④ 더러운 방을 한 달째 <u>방치해 두었다</u>.

정답 및 해설 50p

01 다음 중 조사의 종류가 다른 하나는?

① 오늘 기숙사에서 집으로 왔다.
② 내가 이 가게의 주인은 아니다.
③ 그 꼬마 아이가 어른이 되었다.
④ 아버지께서 역까지 태워주셨다.

02 다음 중 밑줄 친 서술어의 자릿수가 다른 하나는?

① 나는 어제 정말 재미없는 영화를 봤다.
② 그 상표는 경쟁기업의 상표와 많이 닮았다.
③ 부장님이 밤늦게 나에게 메일을 보냈다.
④ 그의 사고방식은 나와는 매우 다르다.

03 다음 중 밑줄 친 안긴 문장의 종류가 다른 하나는?

① 수면 시간은 학생이 성장하는 속도와 관련 깊다.
② 그는 눈치가 없음이 분명하다.
③ 나는 항상 네 꿈이 이루어지기를 바라고 있어.
④ 정말 그 정책이 성공할 것이냐가 문제이다.

04 다음 중 비통사적 합성어로만 구성된 것은?

① 알아보다, 힘쓰다, 접칼
② 주사기, 열쇠, 날뛰다
③ 높푸르다, 감발, 보살피다
④ 치받다, 등산, 산들바람

05 다음 중 밑줄 친 단어의 띄어쓰기가 적절한 것은?

① 그녀는 나에게 사과하기는 커녕 화만 냈다.
② 네가 말하고자 하는 바를 알겠다.
③ 그는 아직 나이가 열살밖에 안 되었다.
④ 내가 좋아하는 과일에는 사과, 포도, 망고등이
있다.

**06 다음 밑줄 친 단어 중 용언의 규칙 활용 예시가 아닌
것은?**

① 규칙에 따라 어서 움직여라.
② 오늘따라 얼굴이 동그래 보인다.
③ 잠깐 집에 들러 반찬 가져가.
④ 이 방은 너무 좁아서 운동을 할 수 없다.

07 다음 중 밑줄 친 단어의 발음 표기가 적절하지 <u>않은</u> 것은?

① 아직 <u>끝이[끄치]</u> 뭉툭해서 쓰기 불편하다.

② 아직은 <u>할 일이[할 리리]</u> 많아서 잠이 안 온다.

③ 예쁜 꽃이 화단에 활짝 <u>피어[피여]</u> 있다.

④ 하늘이 참 <u>맑고[막꼬]</u> 이쁘다.

08 <보기>의 문장에 대한 설명으로 적절한 것은?

> 보기
> 이 물건을 부모님께 갖다 드리려고 가지고 나왔어요.

① 주체를 높이기 위한 조사가 사용된다.

② 주체를 높이기 위한 특수 어휘가 사용된다.

③ 객체의 신체 일부를 높이는 간접 높임법이 사용되고 있다.

④ 문장의 종결 어휘를 통해 상대방을 높이거나 낮추는 상대 높임법이 적용된다.

09 다음 중 맞춤법에 맞는 표현은?

① 그녀는 아직 전셋집에 살고 있다.

② 창문을 안 닫으면 비물이 들어온다.

③ 지금 보는 나무는 소나무과이다.

④ 오늘 어머니가 만두국을 끓여주셨다.

10 <보기>의 문장에 대한 설명으로 가장 적절하지 <u>않은</u> 것은?

> 보기
> 내가 싫어하는 짝꿍의 동생이 바지를 입고 있다.

① 수식 관계의 차이에 의해서 문장에 중의성이 발생한다.

② 단어의 사용에 있어서 다의어에 의한 중의성이 발생한다.

③ 동작의 진행 상태인지, 결과인지의 모호함으로 인해 중의성이 발생한다.

④ 주어와 서술어의 호응이 적절한 문장이다.

부록
표준국어대사전 개정 사항

1 2023년 표제어 추가

표제항	뜻풀이
결제창	『정보·통신』 컴퓨터나 스마트폰 따위의 화면에서, 대금 결제를 위한 프로그램이 실행되는 영역 예 결제창에서 오류가 계속 나서 구매를 하지 못했다.
경고음	조심하거나 삼가도록 미리 주의를 주는 소리 예 건물 전체에 경고음이 울리자 사람들은 당황하며 허둥대기 시작했다.
공인 중개사 사무소	『법률』 공인 중개사가 토지나 건물 따위의 매매·교환·임대차 그 밖의 권리의 득실 변경에 관한 행위를 알선하는 사무를 보는 곳
나누어지다	1 【…으로】 「1」 하나가 둘 이상으로 갈라지다. 예 한 시간은 60분으로 나누어지고, 일 분은 다시 60초로 나누어진다. 「2」 여러 가지가 섞인 것이 갈래에 따라 구분되다. 예 과일은 당도에 따라서 몇 개의 등급으로 나누어진다. 「3」 『수학』 나눗셈이 되다. 예 소수는 1과 그 자신으로만 나누어진다. 2 【…에/에게】 몫이 분배되다. 예 • 농지가 주민들에게 고르게 나누어지자 마을은 안정을 되찾았다. • 연말 격려금은 각 부서에 골고루 나누어질 예정이다.
남주인공	연극, 영화, 소설 따위에서 가장 중심적인 역할을 하는 남자 예 영웅 소설의 남주인공은 대개 고난과 위기를 극복하는 과정을 거친다.
내려보다	【…을】 「1」 위에서 아래를 향하여 보다. = 내려다보다. 예 아내는 행복한 표정으로 잠든 아이를 내려보고 있었다. 「2」 자기보다 한층 낮추어 보다. = 내려다보다. 예 형님은 알량한 자존심으로 상대방을 한껏 내려보고 있었다.
내리뻗치다	'내리뻗다'를 강조하여 이르는 말 예 햇살이 들판으로 내리뻗치다.
내버려두다	【…을】 「1」 상관하지 않고 그대로 두다. 예 내가 뭘 하든지 나를 그냥 내버려둬라. 「2」 보살피지 않고 두다. 예 맹견을 공개된 장소에 홀로 내버려두어서는 안 된다.
노무사	『법률』 기업이 행정 관청에 제출하는 신고·신청·보고·청구 및 권리 구제 등에 관한 서류 작성을 대행하고, 상담·지도·진단 등의 노무 관리 업무를 맡아 처리할 수 있는 법적 자격을 갖춘 사람 = 공인 노무사
대화창	『매체』 컴퓨터나 스마트폰 따위의 화면에서, 대화를 위한 프로그램이 실행되는 영역 예 대화 내용을 급하게 적다 보니 대화창의 반 이상이 오타로 가득했다.

표제항	뜻풀이
도가니탕	소의 무릎도가니를 푹 삶아서 끓인 국 예 진하게 끓여 낸 도가니탕에 밥을 말아 먹으면 속이 든든해진다.
도로명	도로에 붙인 이름 예 그 도시에는 위인의 이름을 딴 도로명이 많다.
도소매	도매와 소매를 아울러 이르는 말 예 도소매로 거래하다.
돈가방	돈이 들어 있는 가방 예 오토바이를 탄 날치기가 돈가방을 빼앗아 달아났다.
돈봉투	돈이 들어 있는 봉투 예 돈봉투가 두둑하다.
돌려막기	앞서 빌린 돈이나 물건을 뒤에 빌린 돈이나 물건으로 갚는 일 예 그는 여러 신용 카드로 돌려막기를 하며 근근이 생활을 해 나갔다.
돌려보다	글이나 책 따위를 여러 사람이 번갈아 가며 보다. 예 친구끼리 만화책을 돌려보았다.
돌솥밥	돌솥에 지은 밥 예 돌솥밥이 나오자마자 재빨리 밥을 양푼에 덜고 돌솥에는 물을 부어 숭늉을 만들었다.
동료의식	어떤 사람을 함께 일하며 도움을 주고받는 동료로 여기는 의식 예 우리 동기들은 어려움을 함께 극복해 나가면서 동료의식이 강해졌다.
동물병원	동물의 병을 예방 · 진찰 · 치료하는 곳 ≒ 가축병원 예 반려동물을 키우는 사람이 늘면서 동물병원도 점차 많아지고 있다.
돼지코	코에 살집이 있고 코끝이 위로 들려서 콧구멍이 돼지의 코처럼 드러나 보이는 코. 또는 그런 코를 가진 사람 예 어릴 때는 돼지코였는데 커서는 코가 오뚝해졌다.
되갚다	【…에/에게 …을】 남에게 품게 된 원한 따위를 그 사람에게 그만큼으로 되돌려주다. 예 감독은 내일 열리는 경기를 통해 반드시 지난 패배를 되갚겠다는 결의를 다졌다.
되돌려받다	【…에서/에게서 …을】 (('…에서/에게서' 대신에 '…으로부터'가 쓰이기도 한다)) 빌려주거나 빼앗기거나 준 것을 다시 돌려받다. 예 보험 상품 중에는 만기 시에 환급금을 되돌려받을 수 있는 상품이 있다.
되돌려주다	【…에/에게 …을】 빌리거나 빼앗거나 받은 것을 다시 돌려주다. 예 그는 어제 빌려 갔던 돈을 되돌려주며 덕분에 일이 잘 해결되었다고 했다.
등원하다²	【…에】 원생이 어린이집, 유치원, 학원 따위에 가다. 예 내일은 아이가 유치원에 등원하는 첫날이라 준비할 게 많다.

표제항	뜻풀이
떼부자	한꺼번에 떼돈을 번 사람 예 그는 복권에 당첨되어 하루아침에 떼부자가 되었다.
만세삼창하다	바람이나 경축, 환호 따위를 나타내기 위하여 두 손을 높이 들면서 만세를 세 번 부르다. 예 참가자들은 모두 자리에서 일어나 만세삼창하며 광복을 기념했다.
만차	「1」 주차하는 곳이 꽉 차서 주차할 자리가 없는 상태 예 주차장이 만차여서 차를 댈 수 없었다. 「2」 버스나 기차 따위가 꽉 차서 사람이 탈 자리가 없는 상태 예 버스가 만차여서 더 이상 승객을 태울 수 없습니다.
말씀드리다	【…에/에게 …을】【 …에/에게 -고】 (('…을' 대신에 '…에 대하여'가 쓰이기도 한다)) 윗사람에게 공손하게 말하다. 예 여러분 긴급 뉴스를 말씀드리겠습니다.
맞춤복	몸에 맞추어 지은 옷 ≒ 맞춤옷 예 새로 산 옷이 맞춤복처럼 몸에 꼭 맞는다.
맞춤형	요구나 취향, 필요에 맞추어 이루어지는 형식 예 맞춤형 음식
맨얼굴	화장이나 분장 따위를 하지 않은 본래 그대로의 얼굴 예 그는 잡티가 드러난 맨얼굴로 외출했다.
머리끈	머리카락을 묶는 데 쓰는 끈 예 그녀는 항상 밥 먹기 전에 머리끈으로 긴 머리를 질끈 묶었다.
메추리알	메추리의 알. 주로 삶거나 졸여서 먹는다. 예 메추리알은 한입에 먹기 좋다.
면접관	면접시험에서 지원자를 평가하는 직책을 맡은 사람 예 면접자는 면접관의 질문을 잘 파악하고 대답해야 한다.
면접자	면접시험을 치르는 사람 예 면접자들은 면접관의 질문에 바로 답을 하지 못하고 진땀을 흘렸다.
모객하다	【…을】 상품을 팔기 위해 손님을 찾아 모으다 예 그는 한국에서 관광객을 모객하여 현지 여행사와 연결해 주는 역할을 맡고 있다.
모녀지간	어머니와 딸 사이. 또는 그런 관계 ≒ 모녀간 예 모녀지간이 돈독하다.
모방범	다른 사람의 범행 수법을 모방하여 범죄를 저지른 사람 예 기껏 좁혀 놓은 수사망이 모방범 때문에 허사가 되었다.

표제항	뜻풀이
모자지간	어머니와 아들 사이. 또는 그런 관계 ≒ 모자간 예 돈 문제로 <u>모자지간</u>에 금이 갔다.
목베개	오래 앉아 있거나 앉은 채로 잘 때, 목을 편안하게 하기 위해 목을 받치는 데 쓰는 물건 예 차량용 <u>목베개</u>
목숨줄	「1」 '목숨'을 속되게 이르는 말 = 명줄 예 내 <u>목숨줄</u>이 질겨 가난한 생활에 입 하나 덜고자 해도 쉬이 되지 않는다. 「2」 벌어서 먹고살 수 있는 방법이나 수단을 비유적으로 이르는 말 예 사장이 내 <u>목숨줄</u>을 쥐고 흔들었다.
몸고생하다	어렵고 고된 일이나 생활 때문에 육체적으로 고생을 겪다. 예 어려서 부모님을 잃고 혼자 <u>몸고생하는</u> 게 여간 안쓰러운 게 아니다.
무사안일주의	아무 탈 없이 편안하고 한가로운 상태만을 유지하려는 태도나 경향 예 <u>무사안일주의</u>가 만연한 사회
문전박대	집으로 들이지 않고 문 앞에서 내쫓을 정도로 야박하게 대함 예 <u>문전박대</u>를 당하다.
문전박대하다	【…을】집으로 들이지 않고 문 앞에서 내쫓을 정도로 야박하게 대하다.
물구나무	「1」 손으로 바닥을 짚고 발로 땅을 차서 거꾸로 서는 동작 예 피에로는 <u>물구나무</u>로 계단을 올랐다. 「2」 높은 곳에서 아래로 거꾸로 떨어지는 동작
물질만능주의	돈만 있으면 무엇이든지 마음대로 할 수 있다는 사고방식이나 태도 = 황금만능주의 예 <u>물질만능주의</u>에 빠지다.
물풍선	안에 물을 넣어 부풀린 풍선 예 <u>물풍선</u>을 던지다.
미니시리즈	『영상』 비교적 짧은 기간 동안 방영되는 연속극 예 <u>미니시리즈</u>가 방영되다.
바가지머리	바가지를 엎어 놓은 모양으로 깎은 머리 예 <u>바가지머리</u>로 깎은 아이가 귀엽다.
바탕화면	『정보·통신』 컴퓨터를 켜면 기본으로 제공되는 화면 예 가족사진으로 <u>바탕화면</u>의 배경을 바꾸었다.
반려견	가족처럼 여기며 키우는 개 예 우리는 그 강아지를 <u>반려견</u>으로 맞아들였다.

표제항	뜻풀이
반려묘	가족처럼 여기며 키우는 고양이 예 산에서 구조된 그 고양이는 이제 반려묘로 살아가고 있다.
반수생	대학에 입학한 상태에서 다른 대학이나 학과에 입학하기 위하여 공부하는 학생 예 입학시험이 쉬워지면서 반수생이 늘고 있다.
발냄새	발에서 나는 쾨쾨하고 역겨운 냄새 예 고약한 발냄새
발효액	『식품』 발효 과정을 거쳐 만든 액체 예 발효액을 담그다.
방범창	도둑이나 주거 침입과 같은 범죄 피해를 막기 위하여 단 창 예 방범창을 설치하다.
방어막	외부의 침입이나 공격을 막기 위하여 설치한 막 예 방어막을 구축하다.
방지턱	「1」『교통』 도로 따위에서 재난이나 사고가 생기는 것을 막기 위하여 설치한 구조물 예 산간 지역의 도로에 있는 방지턱과 철조망 등이 노후하여 제 역할을 하지 못하고 있다. 「2」『교통』 차량의 주행 속도를 강제로 낮추기 위하여 길바닥에 설치한 턱. 일반적으로 주거 환경이나 보행자 보호를 위하여 설치하며, 일정한 규제에 따라 황색 선 따위로 표시한다. = 과속 방지턱 예 어린이 보호 구역에서 일어나는 사고를 줄이기 위해 대대적으로 방지턱을 설치할 예정이다.
배꼽인사	두 손을 배꼽 언저리에 모으고 허리를 굽혀서 하는 인사 예 나는 아침마다 아이의 배꼽인사를 받으며 출근한다.
배란일	『의학』 성숙한 난자가 난소에서 배출되는 날 예 산부인과에서 배란일을 확인했다.
배속	「1」 원래의 속도를 몇 배로 하여 재생하는 속도 예 재생 속도가 느려서 배속을 빠르게 바꾸었다. 「2」 ((주로 수를 나타내는 말 뒤에 쓰여)) 원래의 속도보다 그 수치만큼 배가 되는 속도 예 삼 배속으로 재생하다.
배송비	물품을 다른 곳으로 보내는 데 드는 비용 예 십만 원 이상 구매 시 배송비가 무료입니다.
범주화하다	【…을】 일정한 기준에 따라 동일한 성질을 가진 부류나 범위로 묶다. 예 자료를 범주화해 두면 일을 할 때 편리하다.
복비²	'부동산 중개 수수료'를 일상적으로 이르는 말 예 누가 복비를 내야 하는가를 두고 집주인과 말다툼을 했다.

표제항	뜻풀이
복층	건물 내부의 어떤 공간을 이 층으로 만든 형태 예 이 아파트는 층고를 높여 모든 세대를 복층으로 설계했다.
본방⁴	라디오, 텔레비전 따위에서 정해진 방송 시각에 처음 내보내는 방송 = 본방송 예 본방 사수
본방송	라디오, 텔레비전 따위에서 정해진 방송 시각에 처음 내보내는 방송 ≒ 본방 예 드라마를 빨리 보고 싶어 본방송 시간에 맞춰 귀가했다.
붙임머리	머리의 색이나 길이, 모양 따위를 색다르게 보이기 위하여 붙이는 가짜 머리 예 머리를 짧게 자르고 나서 내 얼굴과 어울리지 않는다는 소리를 많이 들어 붙임머리를 했다.
비영리	재산상의 이익을 꾀하지 않음 예 우리 단체는 회비로만 운영되는 비영리 단체이다.
비호감	안 좋게 여기는 감정. 또는 그런 감정이 드는 것 예 요즘 드라마에는 비호감인 인물이 꼭 등장한다.
빨래걸이	빨래를 널어서 말릴 수 있도록 만들어진 기구 예 빨래걸이에 걸린 빨래가 햇볕에 바싹 말랐다.
빨랫거리	빨아야 할 옷이나 피륙 따위 예 요 며칠 빨래를 못 했더니 빨랫거리가 많이 쌓였다.
뿌리잎	『식물』 뿌리나 땅속줄기에서 돋아 땅 위로 나온 잎. 고사리, 씨름꽃, 연꽃, 봄맞이꽃 따위에서 볼 수 있다. = 근생엽.

사각이다	「동사」
	1 「1」 벼, 보리, 밀 따위를 가볍게 베는 소리가 나다.
	  예 소먹이를 써는지 창밖에서 연신 사각이는 소리가 났다.
	  「2」 눈이 내리거나 눈 따위를 가볍게 밟는 소리가 나다.
	  예 눈을 밟을 때마다 사각이는 소리가 났다.
	  「3」 종이 위에 글씨를 가볍게 쓰는 소리가 나다.
	  예 고사장 안은 사각이는 펜 소리만이 가득했다.
	2 【…을】「1」 연한 과자나 배, 사과 따위가 가볍게 씹히는 소리가 나다. 또는 그런 소리를 내다.
	  예 깍두기가 잘 익어 사각이는 식감이 좋다.
	  「2」 갈대나 풀 먹인 천 따위의 얇고 빳빳한 물체가 스치는 소리가 나다. 또는 그런 소리를 내다.
	  예 풀잎이 바람을 따라 흔들리며 사각인다.

사돈지간	혼인한 두 집안 사람들의 사이. 또는 그런 관계. 주로는 남편의 부모와 아내의 부모 사이나 관계를 가리킨다. ≒ 사돈간 예 서로의 자식을 나누어 사돈지간을 맺었으니 이보다 진한 인연도 드물 것이라 생각됩니다.

표제항	뜻풀이
사막화	『지리』 사막처럼 변함. 또는 그렇게 되게 함 예 이 지역은 오랜 가뭄으로 사막화가 진행되고 있다.
사제지간	스승과 제자 사이. 또는 그런 관계 늑 사제간 예 선생님과 나는 사제지간이 아닌 부자지간처럼 가까이 지냈다.
사촌간	부모의 형제자매의 자식들끼리의 사이. 또는 그런 관계 = 사촌지간 예 큰아버지와 작은아버지가 우애가 좋으니 사촌간의 우애도 좋을 수밖에 없다.
사촌지간	부모의 형제자매의 자식들끼리의 사이. 또는 그런 관계 늑 사촌간 예 우리는 사촌지간이지만 친형제처럼 사이좋게 지냈다.
산낙지	살아 있는 낙지. 주로 음식의 재료로 쓰이는 낙지를 이른다. 예 산낙지는 입에 들어가서도 한참을 꿈틀거렸다.
산책길	산책하는 길. 또는 산책하는 도중 예 산책길에 친구를 만났다.
살처분	『농업』 가축 전염병이 퍼지는 것을 막기 위해 전염병에 걸렸거나 걸릴 가능성이 높은 가축들을 죽여 땅에 묻거나 소각함 예 이동 제한 지역 해제는 살처분을 실시한 날부터 3주가 지나야 가능하다.
삼급수	『환경』 하천의 수질 등급의 하나. 고도의 정수 처리 과정을 거쳐야 식수(食水)로 사용할 수 있다. 붕어, 잉어, 뱀장어, 피라미, 다슬기 따위가 살 수 있다.
상근자	날마다 일정한 시간에 출근하여 정해진 시간 동안 근무하는 사람 예 우리 사무실에는 상근자가 없어 전화를 못 받는 경우가 많습니다.
상담사	상담을 통해 문제를 해결하거나 궁금증을 푸는 데 도움을 주는 일을 전문으로 하는 사람 예 상담사의 조언대로 했더니 문제가 해결됐다.
상담실	상담을 하기 위해 마련된 곳 예 상담실에 문의하다.
상설화하다	【…을】 「1」 시설이나 설비를 언제든지 이용할 수 있게 하다. 예 전통문화를 알리기 위해 전통 공연장을 상설화하였다. 「2」 기구나 조직, 제도 따위를 계속 유지하다. 예 지역 축제를 상설화하기 위해 지역 주민들과 관계자들이 한마음 한뜻으로 노력하였다.
상용화	물품이나 기술 따위가 일상적으로 쓰이게 됨. 또는 그렇게 만듦 예 상용화 가능성이 높다.
새출발하다	어떤 일을 새롭게 다시 시작하다. 예 어려움을 딛고 제가 새출발할 수 있도록 도와주신 분들께 감사드립니다.

표제항	뜻풀이
생선구이	생선에 간을 하거나 양념을 하여 구운 음식 예 우리 집은 환기가 잘 안돼서 생선구이라도 하면 냄새가 빠지질 않는다.
생중계하다	【…을】 녹화나 편집 없이 현장 상황을 그대로 방송하다. 예 선거 개표 결과를 실시간으로 생중계한다.
서리태	서리를 맞아 가며 자라는 콩이라는 뜻으로, 껍질은 검고 속은 파란 콩. 밥이나 떡을 지을 때 함께 넣기도 하고, 가루로 먹기도 하는 등 식용으로 널리 쓰인다. 예 텃밭에서 기른 서리태로 콩국수를 해 먹었다.
서술형²	『교육』 필기시험 문제 형식의 하나. 일정한 순서나 기준에 따라 자세하게 정리하여 답을 적도록 하는 형식이다. 예 서술형 문제는 답을 정확하게 쓰기도 어렵지만 객관적으로 채점하는 것도 힘들다.
서커스단	줄타기, 마술, 재주넘기, 공 타기 따위의 묘기를 부리는 사람들로 이루어진 단체 = 곡예단
선거구제	『정치』 선거구별로 의원을 뽑는 제도. 선거구에 배당된 의원의 수에 따라 대선거구제, 중선거구제, 소선거구제로 나뉜다. 예 선거구제를 개편하다.
성 소수자	『사회 일반』 사회 구성원의 다수가 지니고 있는 성 정체성이나 성적 지향을 지니고 있지 않은 사람
세대차	세대 간 혹은 세대별로 나타나는 사고나 행동 방식 따위의 차이 예 세대차를 뛰어넘다.
세발낙지	다리가 가는 낙지. 주로 갯벌에서 서식하며 비교적 크기가 작다. 예 세발낙지는 늦봄부터 초여름까지가 제철이다.
소상공인	『경제』 상시 근로자 수가 5인 이하인 사업체를 경영하는 사업자. 제조업, 광업, 건설업, 운수업체는 10인 이하이다. 예 소상공인에게 필요한 지원책을 발굴하다.
속엣것	속에 있는 것. 또는 속에 든 것 예 들고 가던 쇼핑백의 밑이 찢어져서 속엣것이 다 쏟아졌다.
손짓발짓	손과 발을 놀려 무엇을 가리키거나 생각을 전달하는 일 예 현지 언어를 알지 못해 갖은 손짓발짓으로 겨우 음식을 주문할 수 있었다.
손짓발짓하다	【…에게】 손과 발을 놀려 무엇을 가리키거나 생각을 전달하다. 예 나는 그에게 손짓발짓해 가며 애절한 표정을 지었다.
수공예품	수공예로 만든 물건 예 전통 수공예품
수납장²	물건을 정리하여 보관할 수 있도록 만든 가구 예 신발 수납장

표제항	뜻풀이
수미상관	처음과 끝이 서로 같거나 비슷한 구성. 또는 그런 관계 예 수미상관을 이루다.
수미쌍관	처음과 끝이 쌍을 이루는 구성. 또는 그런 관계 예 수미쌍관 구조로 된 영화.
수정액	잘못 적은 글자를 고치거나 가리기 위해 그 위를 덧칠하는 데 쓰는 액체 예 일부 시험에서는 답안에 수정액을 사용하는 것을 금하고 있다.
수정테이프	잘못 적은 글자를 고치거나 가리기 위해 그 위에 붙이는 테이프 예 수정테이프가 떨어지는 바람에 원래 뭐가 쓰여 있었는지를 알게 되었다.
숙제장	숙제를 하는 데에 쓰는 공책 예 분명히 가방에 넣었는데, 아무리 찾아도 숙제장이 없었다.
순한글	오로지 한글로만 적은 글 예 이미 1946년 말부터 많은 출판물이 순한글로 된 기사를 싣기 시작했다.
숯불구이	고기나 해물 따위를 숯불에 구운 음식 예 숯불구이 삼겹살
시군구	행정 구역인 '시'와 '군'과 '구'를 아울러 이르는 말 예 토지를 분할할 경우 해당 시군구에서 토지 분할 허가를 받아야 한다.
식재료	음식을 만드는 데에 쓰는 재료 예 신선한 식재료
신문물	새로운 문물 예 신문물을 접하다.
실기시험	『교육』 실기 능력을 평가하기 위하여 실시하는 시험 예 그는 운전면허 필기시험은 단번에 통과했는데, 실기시험은 세 번이나 떨어졌다.
아파트촌	아파트가 모여 있는 마을 예 어릴 적 살던 산동네가 아파트촌으로 바뀌었다.
안경닦이	안경의 먼지나 얼룩 따위를 닦는 데 쓰는 작은 천 예 안경에 묻은 얼룩이 안경닦이로 닦아도 잘 안 지워진다.
안보의식	외부의 위협이나 침략으로부터 국가와 국민의 안전을 지키려는 의식 예 철저한 안보의식
안전문	추락 사고나 소음, 먼지, 바람 따위로 인한 피해를 예방하기 위하여 지하철, 기차 따위의 승강장에 설치한 문. 일반적으로 차량의 출입문과 연동되어 자동으로 여닫힌다. 예 안전문이 열리다.

표제항	뜻풀이
알권리	『법률』 국민 개개인이 정치적·사회적 현실이나 국가가 시행하고 관리하는 정책에 관한 정보 따위를 자유롭게 알 수 있는 권리 예 국민의 알권리를 보장하다.
알림창	『정보·통신』 컴퓨터나 스마트폰 화면에서 사용자에게 필요한 정보를 표시하여 보여 주는 창 예 스마트폰에 알림창이 너무 자주 떠서 불편하다.
알바²	'아르바이트'의 준말 예 그녀는 학비를 벌기 위해 알바를 하고 있다.
압력밥솥	뚜껑을 밀폐하여 용기 안의 압력을 높일 수 있는 밥솥 예 아침마다 압력밥솥에 밥을 안쳤다.
앞접시	여럿이 음식을 먹을 때 음식을 개인별로 덜어 먹기 위하여 사용하는 접시 예 한 그릇에 담긴 음식을 함께 먹을 때는 앞접시를 사용하는 것이 좋습니다.
야광봉	어둠 속에서 빛을 내는 막대 예 공연장은 관객들이 흔드는 형형색색의 야광봉 불빛으로 가득 찼다.
약불	세기가 약한 불 예 우유를 데울 때는 센불보다는 약불에 은근히 데우는 것이 좋다
양념갈비	갈비에 간장, 양파, 설탕 따위의 양념을 하여 일정 시간 동안 재운 뒤, 익혀 먹는 음식 예 양념갈비를 숯불에 구워 먹었다.
양말짝	「1」양말의 한 짝 예 세탁기를 돌리고 보니 양말짝이 하나 없어졌다. 「2」'양말'을 속되게 이르는 말 예 그는 나에게 양말짝조차도 사 준 적이 없다.
어버버거리다	【…을】말을 하거나 글을 읽을 때 분명하게 하지 못하고 자꾸 더듬다. ≒어버버대다 예 사람들 앞에서 말을 어버버거리지 않고 분명하고 자신있게 말할 수 있었으면 좋겠다.
어버버대다	【…을】말을 하거나 글을 읽을 때 분명하게 하지 못하고 자꾸 더듬다. =어버버거리다 예 그녀 앞에만 서면 긴장이 되어 그런지 말을 어버버대곤 한다.
어쭈구리	남의 잘난 체하는 말이나 행동을 몹시 비웃거나 비아냥거리는 뜻으로 하는 말 예 어쭈구리, 이 쥐방울만 한 놈이?
어찌저찌하다	이렇게 저렇게 하다. 예 어찌저찌하다 보니 어느새 하루가 지나 버렸다.
얼음땡	술래잡기의 하나. 이리저리 도망을 다니다가 술래에게 붙잡힐 것 같을 때에 "얼음."이라고 말하며 멈추어 서면, 술래는 그 사람을 잡을 수 없다. 그렇게 멈추어 선 사람은 다른 사람이 와서 "땡."이라고 말하며 쳐 주면 다시 움직일 수 있다. 예 얼음땡을 하는데 술래가 발이 느려 좀처럼 놀이가 끝나지 않았다.

표제항	뜻풀이
여우짓	깜찍하고 영악하게 하는 행동을 비유적으로 이르는 말 예 여우짓으로 환심을 사다.
여차저차하다	이러하고 저러하다. = 이러저러하다 예 대학 졸업 후 여차저차해 지금의 직장으로 오게 되었다.
연애사	연애한 과정이나 연애를 하면서 겪은 일 예 연애사를 공개하다.
연월차	연차와 월차를 아울러 이르는 말 예 남아 있는 연월차를 모두 합치면 열흘이다.
열받다	몸이 달아오를 정도로 화가 나거나 흥분하다. 예 너무 열받아서 잠이 안 온다.
영양밥	밥, 은행, 대추, 인삼, 잡곡 따위의 몸에 좋은 재료들을 넣어 지은 밥 예 돌솥에 지은 영양밥
영업일	영업을 하도록 정해진 날. 또는 실제로 영업을 하는 날 예 올 2월은 설 명절까지 끼어 있어 영업일이 얼마 안 된다.
영유아	영아와 유아를 아울러 이르는 말 예 도로 교통법에 따르면 영유아는 안전 장비를 설치한 뒤 안전띠를 맨 상태로 차에 태워야 한다.
옆걸음	발을 옆으로 떼어 놓으며 걷는 걸음 예 "좌우로 정렬!"이라는 구호에 맞추어 옆걸음으로 폭을 맞추었다.
옛한글	옛날에 쓰던 한글 예 옛한글이 쓰인 고문서
오남용	오용과 남용을 아울러 이르는 말 예 약의 오남용은 심각한 부작용을 일으킬 수 있다.
오만가지	매우 잡다하게 종류가 많은 여러 가지. 또는 그런 것 예 엄마가 나가자고 했더니, 동생은 가방에 책이며 장난감이며 사탕이며 오만가지를 다 넣었다.
올려보다	【…을】「1」아래에서 위를 향하여 보다. = 올려다보다 「2」존경하는 마음으로 남을 높이 받들고 우러르다. = 올려다보다 예 남들이 올려보는 위치에 있는 만큼 행동을 조심해야 한다.
월납	내야 할 돈을 1개월에 한 번씩 내는 것 예 그는 할부금을 월납으로 내고 있다.
웹 브라우저	『정보 · 통신』인터넷에서 월드 와이드 웹의 정보를 검색하고 관리하는 데 사용되는 프로그램 ≒ 브라우저
유성 잉크	『공업』기름 성분이 들어 있는 잉크. 수성 잉크보다 착색이 잘되고, 용해제를 쓰지 않으면 잘 지워지지 않는다.

표제항	뜻풀이
유성펜	유성 잉크를 사용하는 펜 예 유성펜으로 쓰면 쉽게 지워지지 않는다.
유소아	유아와 소아를 아울러 이르는 말 예 유소아를 동반한 가족은 공연장에 먼저 입장하실 수 있습니다.
의붓남매	친부모가 서로 다른 남매. 또는 친부나 친모가 다른 남매 예 우리는 의붓남매이지만 다른 친남매들보다 더 사이가 좋다.
의붓누나	친부모가 다른 누나. 또는 친부나 친모가 다른 누나 예 나를 괴롭히던 친구들을 대신 혼내 준 이후로 나에게 누나는 더 이상 의붓누나가 아니었다.
의붓누이	친부모가 다른 누이. 또는 친부나 친모가 다른 누이 예 그는 의붓누이와 사이가 좋지 않아 최근에는 연락을 아예 하지 않는다.
의붓동생	친부모가 다른 동생. 또는 친부나 친모가 다른 동생 예 의붓동생은 나이는 어리지만 의젓해 보였다.
의붓아빠	엄마가 재혼함으로써 생긴 아빠 예 의붓아빠에게 아빠라고 하기까지 꽤 오랜 시간이 걸렸다.
의붓언니	친부모가 다른 언니. 또는 친부나 친모가 다른 언니 예 아버지가 재혼을 하게 되면서 나는 새어머니, 의붓언니와 함께 살게 되었다.
의붓엄마	아빠가 재혼함으로써 생긴 엄마 예 동생은 너무 어린 나이에 친엄마를 떠나보냈기 때문인지 언제부터인가 같이 살게 된 의붓엄마를 참 잘 따랐다.
의붓오빠	친부모가 다른 오빠. 또는 친부나 친모가 다른 오빠 예 걱정했던 것과 달리 의붓오빠는 나를 다정하게 대해 주었다.
의붓자매	친부모가 서로 다른 자매. 또는 친부나 친모가 다른 자매 예 두 분의 재혼이 추진되면서 그들은 서로를 의붓자매로 받아들였다.
의붓형	친부모가 다른 형. 또는 친부나 친모가 다른 형 예 어머니의 죽음을 계기로 그동안 앙숙으로 지내왔던 의붓형과 화해를 했다.
이복남매	아버지는 같고 어머니는 다른 남매 예 아버지의 재혼으로 이복남매와 함께 살게 되었다.
익숙해지다	1 【…에/에게】「1」어떤 일을 여러 번 하여 서투르지 않은 상태가 되다. 예 출근한 지 얼마 되지 않아 나는 업무에 익숙해졌다. 「2」어떤 대상을 자주 보거나 겪어서 처음 대하지 않는 느낌이 드는 상태가 되다. 예 군인들은 통조림의 비리고 짠맛에 익숙해져 있었다. 2 【…에】눈이 어둡거나 밝은 곳에 적응해 웬만큼 볼 수 있게 되다. 예 눈이 어둠에 익숙해져서 이제는 두 사람이 또렷이 보였다.

표제항	뜻풀이
일인극	『연기』 한 사람의 배우가 모든 배역을 혼자 맡아 하는 연극 = 모노드라마 예 이번에 본 공연은 일인극이었는데 배우가 워낙 연기를 잘해서 그 넓은 무대가 꽉 찬 느낌이었다.
입냄새	입에서 나는, 좋지 아니한 냄새 = 구취 예 입냄새가 심하다.
입출국	입국과 출국을 아울러 이르는 말 예 입출국 절차를 밟다.
자기소개서	자기의 이름, 경력, 품성, 계획이나 희망 따위를 적어서 제출하는 글 예 매번 자기소개서를 쓸 때마다 나도 나를 잘 모르겠다는 생각이 든다.
전월세	『경제』 전세와 월세를 아울러 이르는 말 예 전월세 보증금
정자세	바른 자세. 또는 정해진 자세 예 정자세를 유지하다.
정직원	일정한 자격을 갖추어 정식으로 채용된 직원. 일반적으로 정년까지 고용을 보장받고 업무 성과와 근무 연수에 따른 승진과 임금 인상 따위의 기회가 제공된다. 예 요즘은 정직원으로 바로 입사하는 것이 쉽지 않다.
조개무덤	『역사』 원시인이 먹고 버린 조개껍데기가 쌓여 이루어진 무더기. 주로 석기 시대의 것으로 바닷가나 호반 근처에 널리 분포하며, 그 속에 토기나 석기·뼈 따위의 유물이 있어 고고학상의 귀중한 연구 자료가 된다. = 조개더미
조미김	기름을 바르고 소금을 뿌려서 구운 김 예 날씨 탓인지 조미김이 눅눅해졌다.
종이책	종이로 만든 책을 전자책에 상대하여 이르는 말 예 종이책으로 출간되다.
주소창	『정보·통신』 인터넷 주소를 입력하는 웹 브라우저의 공간 예 주소창에 도메인을 입력하면 원하는 누리집으로 연결된다.
주전공	『교육』 전공을 부전공에 상대하여 이르는 말 예 나의 주전공은 국어국문학이다.
줄임말	주로 두 단어 이상으로 이루어진 말을 짧게 줄여서 만든 말 예 과도한 줄임말은 소통에 어려움을 줄 수 있다.
중개업소	다른 사람의 상행위를 대리하거나 중개하는 영업을 하는 곳 예 현재 중개업소에서 소개한 물건이 마음에 들어 그 자리에서 계약을 진행했다.
중등 교사	『교육』 정교사나 준교사의 자격증을 가지고 중등 교육에 종사하는 교사

표제항	뜻풀이
중선거구제	『정치』 선거구제를 크기별로 셋으로 구분할 때, 한 선거구에서 두세 명의 의원을 뽑는 제도
즉결 처분	『법률』 재판 따위의 법적인 절차 없이, 바로 벌하거나 제재를 가하는 일 예 전쟁 중에는 즉결 처분이 이루어지기도 하였다.
지구대¹	『행정』 경찰서보다 작고 파출소보다 큰 규모의 지역 경찰 관서 예 지구대에서 근무하다.
차고지	자동차, 기차, 전차 따위의 차량을 세워 두거나 보관해 두는 장소 예 어제 버스에서 졸다가 차고지까지 다녀왔다.
착신자	우편이나 전신, 전화 따위를 받는 사람 예 착신자에게 연결이 되지 않을 때, 발신자는 음성 메시지를 남길 수 있다.
체질화하다	【…을】 어떤 것이 날 때부터 지니고 있던 것처럼 몸에 익숙해지다. 또는 그렇게 하다. 예 의사는 환자에게 운동을 체질화해야 한다고 조언했다.
초등 교사	『교육』 정교사나 준교사의 자격증을 가지고 초등 교육에 종사하는 교사 예 동생은 초등 교사로 재직 중이다.
초등 교원	『교육』 정교사나 준교사의 자격증을 가지고 초등 교육에 종사하는 교원 예 초등 교원을 대상으로 개정 교육 과정 설명회가 열렸다.
커다래지다	매우 커지다. 또는 아주 큼직해지다. 예 풍선이 커다래지다.
탄산수소	『화학』 탄산이 가지고 있던 두 개의 수소 원자 가운데 하나를 잃은 원자단. 알칼리 금속 원소와 화합하여 염을 만든다. 화학식은 $-HCO_3$
편지봉투	편지를 넣는 데 쓰는 종이봉투 ≒ 신봉
풋내음	푸성귀나 풋나물 따위에서 나는 싱그러운 풀 냄새 예 봄비를 맞은 잎들의 풋내음이 진동했다.
피부양자	가족 중 다른 사람에게 생계를 의존하는 사람. 또는 경제 능력이 없어 돌봄이 필요한 사람
환승객	다른 노선이나 교통수단으로 갈아타는 승객 예 이 역은 출퇴근 시간만 되면 전철을 갈아타려는 환승객들로 붐볐다.
후임병	「1」 뒤에 입대한 병사 예 오늘 후임병이 들어와서 내무반의 막내 신세를 면하게 됐다. 「2」 군대에서, 업무를 이어 맡게 된 병사 예 그는 군대에서 단 한 번도 후임병을 괴롭힌 적이 없는 점잖은 사람이었다.

2 | 2022년 뜻풀이 추가

표제항	추가된 뜻풀이
보다¹	[Ⅲ]「보조 형용사」 「4」((형용사나 '이다' 뒤에서 '-고 보다' 구성으로 쓰여)) 앞말이 뜻하는 상황이나 상태가 다른 것보다 우선임을 나타내는 말 예 • 무엇보다 건강하고 볼 일이다. • 무조건 부자이고 봐야 한다는 생각은 잘못이다.

3 | 2021년 용례 추가

표제항	추가 용례
요¹⁴	((체언이나 부사어, 연결 어미 따위의 뒤에 붙어)) 청자에게 존대의 뜻을 나타내는 보조사 예 "주문하실래요?" "여기 볶음밥요."

4 | 2020년 표제어 추가

표제항	뜻풀이
이요³	((받침 있는 체언이나 부사어 따위의 뒤에 붙어)) 주로 발화 끝에 쓰여 청자에게 존대의 뜻을 나타내는 보조사 예 여기 냉면이요.

5 2018년 표준어 추가

기존	추가	비고
꺼림칙하다 께름칙하다 꺼림하다 께름하다	꺼림직이 꺼림직하다 께름직하다	마음에 걸려서 언짢은 상황을 표현할 때 사용함
추어올리다 치켜세우다	치켜올리다 추켜세우다 추켜올리다	누군가를 높게 칭찬함

6 2017년 추가 사항

품사 수정

표제항	수정 전	수정 후
잘생기다	「형용사」	「동사」
잘나다	「형용사」	「동사」
못나다	「형용사」	「동사」
낡다[1]	「형용사」	「동사」
못생기다	「형용사」	「동사」

표제어 추가

표제항	수정 전	수정 후
기다래지다	%	「동사」 기다랗게 되다. 예 머리가 기다래지다. / 거짓말을 한 피노키오의 코가 기다래졌다.
분리-배출	%	「명사」 쓰레기 따위를 종류별로 나누어서 버림 예 건설 폐기물 분리배출 / 음식물 쓰레기 분리배출
여쭈어-보다	%	「동사」 여쭈어-보다 [-보아(-봐), -보니] '물어보다'의 높임말 예 아이가 할아버지께 연을 만드는 방법을 여쭈어본다. [준말] 여쭤보다

발음 수정 사항

표제항	수정 전	수정 후
관건[2]	%	[-건/-껀]
불법[1]	%	[-법/-뻡]
효과[1]	[효:-]	[효:과/효:꽈]
교과[1]	[교:-]	[교:과/교:꽈]
반값	[반:갑]	[반:갑/반:깝]
분수[6]	[-쑤]	[-쑤/-수]
함수[4]	[함:쑤]	[함:쑤/함:수]
괴담이설	[괴:-니-/궤:-니-]	[괴:담니-/궤:-다미-]
밤이슬	[-니-]	[밤니-/바미-]
감언이설	[--니-]	[-먼니-/-머니-]
영영[1]	[영:-]	[영:영/영:녕]
연이율	[-니-]	[연니-/여니-]
안간힘	[-깐-]	[-깐-/-간-]
인기척	[-끼-]	[-끼-/-기-]
점수[6]	[-쑤]	[-쑤/-수]
순이익	[-니-]	[순니-/수니-]
강약	%	[-약/-냑]
의기양양	[의:---]	[의:--양/의:--냥]

2024 최신판

해커스
신민숙
쉬운국어
빈출 어법
200제 **실전편**

초판 2쇄 발행 2024년 3월 25일
초판 1쇄 발행 2024년 1월 2일

지은이	신민숙
펴낸곳	해커스패스
펴낸이	해커스공무원 출판팀

주소	서울특별시 강남구 강남대로 428 해커스공무원
고객센터	1588-4055
교재 관련 문의	gosi@hackerspass.com
	해커스공무원 사이트(gosi.Hackers.com) 교재 Q&A 게시판
	카카오톡 플러스 친구 [해커스공무원 노량진캠퍼스]
학원 강의 및 동영상강의	gosi.Hackers.com

ISBN	979-11-6999-725-6 (13710)
Serial Number	01-02-01

공무원 교육 1위,
해커스공무원 gosi.Hackers.com

해커스공무원

- 해커스공무원 국어 5년 연속 1위 신민숙 선생님의 **본 교재 인강**(교재 내 할인쿠폰 수록)
- 해커스 스타강사의 공무원 국어 무료 동영상강의
- 필수어휘와 사자성어를 편리하게 학습할 수 있는 **해커스 매일국어 어플**

군무원 1위,
해커스군무원 army.Hackers.com

해커스군무원

- 해커스공무원 국어 5년 연속 1위 신민숙 선생님의 **본 교재 인강**(교재 내 할인쿠폰 수록)
- **군무원 국어 무료 동영상강의**, 1:1 맞춤 컨설팅, 합격수기 등 군무원 시험 합격을 위한
  다양한 학습 콘텐츠

해커스 신민숙 쉬운국어 빈출 어법 200제 실전편

정답 및 해설

해커스공무원

해 커 스
신 민 숙
쉬운국어

빈출 어법
200제

실전편

정답 및 해설

해커스공무원   해커스군무원

적중 예상문제

p. 8

01	02	03	04	05
④	②	④	④	①
06	07	08	09	10
②	④	③	①	④
11	12	13	14	15
③	④	③	②	②
16	17	18	19	20
①	③	②	③	②

01

정답 ④

정답 해설

'첫째'는 수량을 나타내는 기능을 하는 수사로 체언이다. 반면 다른 선지들은 수식언에 해당하므로 문장 속에서의 기능이 다른 것은 ④번이다.

오답 분석

① '이'는 '사탕'을 수식해 주는 기능을 하는 관형사로 수식언에 해당한다.

② '너무'는 용언을 수식해 주는 기능을 하는 부사로 수식언에 해당한다.

③ '어느'는 '방향'을 수식해 주는 기능을 하는 관형사로 수식언에 해당한다.

02

정답 ②

정답 해설

'새'는 '집'을 수식해 주는 역할을 한다. 따라서 체언을 꾸며 주는 관형사로 수식언에 해당한다.

오답 분석

① '그것'은 명사를 대신해서 나타내는 대명사로 체언에 속한다.

③ '셋'은 사람의 수량 등을 나타내는 수사로 체언에 속한다.

④ '꽃'은 사물의 구체적인 이름을 나타내는 명사로 체언에 속한다.

03

정답 ④

정답 해설

'온갖'은 '소문'을 꾸며 주는 역할을 한다. 따라서 체언을 꾸며 주는 관형사로 수식언에 해당한다.

오답 분석

① '선생님'은 특정한 사람이나 물건 혹은 같은 종류의 사물에 두루 쓰이는 이름인 명사로 체언에 해당한다.

② '서울'은 특정한 것 하나에만 붙이는 이름인 고유 명사로 체언에 해당한다.

③ '누구'는 사람을 대신해서 나타내는 인칭 대명사로 체언에 해당한다.

04

정답 ④

정답 해설

'-는'은 '날다'의 활용형을 만들어 주는 어미이다. 따라서 조사에 해당하지 않는다.

오답 분석

① '을'은 체언 뒤에 붙어서 문장 안에서 목적어의 자격을 부여해 주는 격조사에 해당한다.

② '마저'는 앞 체언에 특별한 의미를 더해주는 보조사에 해당한다.

③ '랑'은 둘 이상의 단어를 같은 자격으로 이어 주는 접속 조사에 해당한다.

05

정답 ①

정답 해설

'다섯'은 '봉지'를 수식해서 꾸며 주는 수 관형사에 해당한다. 나머지 표현들은 모두 수사이다.

오답 분석

② '하나'는 사물의 수량을 나타내는 수사인 양수사에 해당한다. 또한 수사는 체언이므로 조사와 결합하여 사용될 수 있다.

③ '넷'은 사물의 수량을 나타내는 수사인 양수사에 해당한다.

④ '첫째'는 차례를 가리키는 수사인 서수사에 해당한다.

06

정답 ②

정답 해설

ㄴ. '크지 못 했다'의 '크다'는 크는 과정을 의미하고 있기 때문에 동사이다.

오답 분석

ㄱ. '회식이 있으니'의 '있다'는 어떤 일이 이루어지거나 벌어질 계획을 의미하기 때문에 형용사이다.

ㄷ. '높다'는 어간의 진행에 있어서 '-고 있다'가 붙을 경우 표현이 어색해지므로, 이때의 '높다'는 형용사이다.

07

정답 ④

정답 해설

아무: 특정 대상을 가리키지 않는 부정칭 대명사이다.

오답 분석

① 누구: 인물을 특정하지 못하고 모르는 사람을 지칭하고자 할 때 사용하는 미지칭 대명사이다.

② 그: '남성'을 나타내는 표현으로 대명사 중에서도 3인칭 대명사에 속한다.

③ 여기: 일정한 장소를 지칭하기 위해 사용하는 지시 대명사이다.

08
정답 ③

정답 해설

'행동'은 문장에서 자립적으로 쓰일 수 있고, 실질적인 의미를 가지고 있기 때문에 자립 명사이다.

오답 분석

① '지'는 문장에서 자립적으로 쓰일 수 없기 때문에 의존 명사이며, 그중에서도 형식적 의존 명사에 해당한다.

② '줄'은 문장에서 자립적으로 쓰일 수 없기 때문에 의존 명사이며, 그중에서도 형식적 의존 명사에 해당한다.

④ '대로'는 문장에서 자립적으로 쓰일 수 없기 때문에 의존 명사이며, 그중에서도 형식적 의존 명사에 해당한다.

09
정답 ①

정답 해설

'아무'에 조사인 '도'가 결합되어 사용되므로 이는 관형사가 아닌, 부정칭 대명사이다.

오답 분석

② '아무'는 명사 '음식'을 수식해 주는 관형사의 역할을 하고 있다.

③ '다른'은 명사 '날'을 수식해 주는 관형사의 역할을 하고 있다.

④ '모든'은 명사 '일'을 수식해 주는 관형사의 역할을 하고 있다.

10
정답 ④

정답 해설

'-는'은 용언이 관형어의 기능을 하게 해주는 관형사형 전성 어미이다. 따라서 이는 연결 어미가 아닌 전성 어미로 분류된다.

오답 분석

① '-와서'는 앞 문장과 뒷 문장을 원인과 결과로 연결해 주는 종속적 연결 어미에 해당한다.

② '-어'는 앞의 본용언과 뒤의 보조 용언을 이어 주는 보조적 연결 어미의 기능을 한다.

③ '-고'는 앞의 본용언과 뒤의 보조 용언을 이어 주는 보조적 연결 어미의 기능을 한다.

11
정답 ③

정답 해설

'영원하게'는 형용사 '영원하다'에 부사형 전성 어미 '-게'가 결합된 형태로, 전성 어미가 사용된 문장이다.

오답 분석

① '이리'는 처소나 시간을 가리켜 한정하거나 앞의 이야기에서 나온 내용을 지시하는 부사이다.

② '갑자기'는 머리가 아프기 시작한 상태를 꾸며 주는 부사이다.

④ '안'은 용언 '먹었다'를 부정하는 방식으로 꾸며 주는 부사이다.

12
정답 ④

정답 해설

'영수야'는 명사 '영수'에 호격 조사 '야'가 붙은 형태이다. 감탄사는 활용을 하지 않는 불변어이기 때문에 다른 문장 성분과 결합한 '영수야'는 감탄사에 해당하지 않는다.

오답 분석

① '여보세요'는 말하는 이의 부름을 나타내는 단어로, 생략해도 문장이 성립하고, 다른 문장 성분이 붙지 않아 활용형으로 쓰이지 않으며, 위치가 자유롭기 때문에 감탄사이다.

② '이봐'는 말하는 이의 부름을 나타내는 단어로, 생략해도 문장이 성립하고, 다른 문장 성분이 붙지 않아 활용형으로 쓰이지 않으며, 위치가 자유롭기 때문에 감탄사이다.

③ '어머'는 말하는 이의 느낌이나 놀람을 나타내는 단어로, 생략해도 문장이 성립하고, 다른 문장 성분이 붙지 않아 활용형으로 쓰이지 않으며, 위치가 자유롭기 때문에 감탄사이다.

13
정답 ③

정답 해설

(가)의 '내일'은 문장 전체 또는 용언을 수식하는 '부사'의 품사로 사용되고 있다. 따라서 관형사의 품사로 사용되고 있다는 선지는 옳지 않다.

오답 분석

① <보기>에 나와 있는 품사 통용의 정의에 따라서 '내일'은 그 형태가 동일하지만 (가)에서는 부사로, (나)에서는 명사로 쓰이고 있으므로 서로 다른 품사의 형태로 사용되고 있다.

② 품사 통용이 일어나는 (가)와 (나)의 단어를 볼 때 둘 다 '내일'로 그 형태는 동일하다.

④ (나)의 '내일'은 뒤에 조사 '은'이 결합되어 명사의 기능을 하고 있다.

14
정답 ②

정답 해설

'무거운'은 형용사 '무겁다'의 어간 '무겁-'에 관형사형 어미 '-(으)ㄴ'이 결합하여 있는 구조('ㅂ' 불규칙 활용)로, 체언을 꾸며 주어 관형사처럼 보이지만 실제 품사는 형용사이다.

오답 분석

① '첫'이 명사 월급을 수식해주고 있으므로 품사는 관형사이다.

③ '아무'는 명사 '말'을 수식해주고 있으므로 품사는 관형사이다.

④ '그'는 명사 '드라마'를 수식해주고 있으므로 품사는 관형사이다.

15
정답 ②

정답 해설

수량을 나타내는 '열' 뒤에 격조사 '을'이 결합된 것을 통해 '열'이 수사임을 알 수 있다.

오답 분석

①의 '다섯'은 '사람'을, ③의 '한'은 '가닥'을, ④의 '둘째'는 '아들'을 꾸미고 있으므로 모두 체언을 꾸며 주는 수 관형사이다.

16

정답 해설
'채'는 '이미 있는 상태 그대로 있다.'는 뜻을 가진 의존 명사로, 동사 '입다'의 어간 '입-'에 관형사형 어미 '-은'이 붙어 활용한 관형어 '입은'의 수식을 받고 있다.

오답 분석
② 이때 '채'는 '어떤 상태나 동작이 다 되거나 이루어졌다고 할 만한 정도에 아직 이르지 못한 상태'라는 뜻을 가졌으며, 문장에서 용언 '마르지(마르다)'를 수식하는 부사이다.

③ 이때 '채'는 '야채나 과일 따위를 가늘고 길쭉하게 잘게 써는 일. 또는 그 야채나 과일'이라는 뜻을 가졌으며, 관형어의 수식을 받지 않고 혼자 쓰일 수 있으므로 자립 명사이다.

④ 이때 '채'는 '북, 장구, 꽹과리, 징 따위의 타악기를 치거나 현악기를 타서 소리를 내게 하는 도구'라는 뜻을 가졌으며, 관형어의 수식을 받지 않고 혼자 쓰일 수 있으므로 자립 명사이다.

17

정답 해설
• (다): '걸음'은 동사 '걷다'의 어간 '걷-'에 명사 파생 접미사 '-음'이 결합하여 명사가 된 것으로, 서술어 '빠르다'에 호응하는 주어의 기능만 하고 있다.

• (라)의 '그림'은 동사 '그리다'의 어간 '그리-'에 명사 파생 접미사 '-ㅁ'이 결합하여 명사가 된 것으로, 서술어 '팔렸다'에 호응하는 주어의 기능만 하고 있다.

오답 분석
명사형 전성 어미는 해당 문장에서 명사형을 만들 뿐 품사를 바꾸지 않는다.

• (가): '잠'은 동사 '자다'의 어간 '자-'에 명사형 전성 어미 '-ㅁ'이 결합하여 활용한 용언으로, 부사어 '충분히'의 수식을 받으며 서술어의 기능을 하고 있다.

• (나): '높음'은 형용사 '높다'의 어간 '높-'에 명사형 전성 어미 '-음'이 결합하여 활용한 용언으로, 안은문장에서 목적어의 기능을 하고 있고, 안긴 문장에서 '태산이 높다'로 서술어의 기능도 하고 있다.

18

정답 해설
ㄴ의 '가'는 용언 '되다' 앞에 쓰였으므로 보격 조사이다. 반면 ㄷ의 '께서'는 '어머니'를 높이기 위해 쓰인 주격 조사이다. 따라서 ㄴ의 '가'와 ㄷ의 '께서'가 듣는 사람에 따라 달리 선택된 주격 조사라고 진술한 ②는 적절하지 않다.

오답 분석
① '을/를'은 모두 목적격 조사인데, 앞말이 모음으로 끝나는지 자음으로 끝나는지의 여부에 따라, 즉 앞말의 음운 환경에 따라 서로 다른 형태로 나타난다.

③ '와/과', '이랑'은 둘 이상의 사물을 같은 자격으로 이어 주는 접속 조사이다.

④ '만큼이나'는 조사 '만큼'과 '이나'가 결합된 것이고, '뿐만' 역시 조사 '뿐'과 '만'이 결합한 것이므로, 조사의 연이은 결합이 가능함을 보여 주는 사례이다.

19

정답 해설
이때의 '바른'은 관형사가 아닌, '말이나 행동 따위가 사회적인 규범이나 사리에 어긋나지 아니하고 들어맞다'의 의미를 지닌 '바르다'의 활용형이다. '바르다'의 어간 '바르-'에 관형사형 어미 '(으)ㄴ'이 결합한 구조로 체언을 꾸며 주어 관형사처럼 보이지만 실제 품사는 형용사이다.

오답 분석
① '외딴'은 '외따로 떨어져 있는'의 의미를 지닌 관형사이며, 체언 '오두막'을 수식한다.

② '갖은'은 '골고루 다 갖춘, 또는 여러 가지의'의 의미를 지닌 관형사이며, 체언 '노력'을 수식한다.

④ '다른'은 '당장 문제 되거나 해당되는 것 이외의'의 의미를 지닌 관형사이며, 체언 '사람들'을 수식한다.

20

정답 해설
'이쁘다, 기쁘다, 곱다'는 모두 성질이나 상태를 나타내는 성상 형용사이다.

오답 분석
① '뜨겁다, 싫다'는 성질이나 상태를 나타내는 성상 형용사이지만, '먹다'는 동작을 나타내는 동사이다.

③ '피곤하다, 좋다'는 성질이나 상태를 나타내는 성상 형용사이지만, '붐비다'는 동사이다.

④ '아프다, 바쁘다'는 성질이나 상태를 나타내는 성상 형용사이지만, '읽다'는 동작을 나타내는 동사이다.

4 해커스공무원 gosi.Hackers.com | 해커스군무원 army.Hackers.com

필수 기출 문제

p. 12

01	02	03	04	05
③	③	①	①	①
06	**07**			
①	④			

01

정답 ③

정답 해설

'밝은 빛을 비춘다'의 '밝은(밝다)'은 '불빛 따위가 환하다'라는 뜻이고, '벽지가 밝아'의 '밝아(밝다)'는 '빛깔의 느낌이 환하고 산뜻하다'라는 뜻으로, 성질이나 상태를 나타내고 있다. 그리고 감탄형 어미 '-는구나'나 현재형 어미 '-는다'와 결합할 수 없기 때문에 모두 형용사이다. 따라서 ⓐ '품사의 통용 사례'에 해당하지 않는다. 참고로 '벌써 새벽이 밝아 온다'의 '밝아'처럼 '밤이 지나고 환해지며 새날이 오다'라는 뜻일 때, '밝다'의 품사는 동사이다. 동사는 감탄형 어미 '-는구나'나 현재형 어미 '-는다'와 결합할 수 있다.

오답 분석

① '철수만큼'의 '만큼'은 앞말로 체언(명사) '철수'가 오고, 그 앞말과 붙여 쓰고 있으므로 품사는 조사이다. 그런데 '먹을 만큼'의 '만큼'은 앞말로 관형어(용언의 관형사형) '먹을'이 오고, 그 앞말과 띄어 쓰고 있으므로 품사는 의존 명사이다. 따라서 ①의 '만큼'은 ⓐ '품사의 통용 사례'에 해당한다.

② '내일의 날씨'에서 '내일'이 격 조사(관형격 조사 '의')와 결합하여 체언(명사) '날씨'를 수식하는 관형어의 역할을 하고 있으므로 품사는 명사이다. 명사는 관형격 조사 '의'와 결합하여 문장에서 관형어가 될 수 있다. 그런데 '내일 다시 시작합시다'에서 '내일'은 격 조사와 결합할 수 없고, 동사 '시작하다'를 수식하고 있으므로 품사는 부사이다. 따라서 ②의 '내일'은 ⓐ '품사의 통용 사례'에 해당한다.

④ '키가 큰 나무'에서 '큰(크다)'은 '사람이나 사물의 외형적 길이, 넓이, 높이, 부피 따위가 보통 정도를 넘다'라는 뜻으로 성질이나 상태를 나타내며, 감탄형 어미 '-는구나'나 현재형 어미 '-ㄴ다'와 결합할 수 없기 때문에 품사는 형용사이다. 그런데 '키가 몰라보게 컸구나'에서 '컸구나(크다)'는 '동식물이 몸의 길이가 자라다'라는 뜻으로 동작이나 작용을 나타내며 감탄형 어미 '-는구나'나 현재형 어미 '-ㄴ다'와 결합할 수 있기 때문에 품사는 동사이다. 따라서 ④의 '크다'는 ⓐ '품사의 통용 사례'에 해당한다.

02

정답 ③

정답 해설

접미사 '-적'이 결합된 말 뒤에 조사가 오면 명사, 조사가 없고 바로 뒤에 오는 체언을 수식하면 관형사, 조사가 없고 뒤에 오는 용언이나 부사를 수식하면 부사이다. 이로 볼 때 '비교적 교통이 편리한'의 '비교적'은 뒤에 조사가 없고 용언 '편리한(편리하다)'을 수식하고 있으므로 품사는 부사이다. 그리고 '비교적 낮은 편이다'의 '비교적'도 뒤에 조사가 없고 용언 '낮은(낮다)'을 수식하고 있으므로 품사는 부사이다. 따라서 ③의 '비교적'의 품사는 모두 부사이다.

오답 분석

① '제 잘못입니다'의 '잘못'은 격 조사(서술격 조사 '이다')가 결합하여 서술어의 역할을 하고 있으므로 품사는 명사이다. 명사는 서술격 조사 '이다'와 결합하여 문장에서 서술어의 역할을 할 수 있다. 그런데 '잘못 적용하여'의 '잘못'은 격 조사가 결합할 수 없고 용언 '적용하여(적용하다)'를 수식하고 있으므로 품사는 부사이다.

② '도착하는 대로'의 '대로'는 앞말로 관형어(용언의 관형사형) '도착하는'이 오고, 그 앞말과 띄어 쓰고 있으므로 품사는 의존 명사이다. 여기서 '대로'는 '어떤 상태나 행동이 나타나는 그 즉시'를 뜻한다. 한편, '큰 것 대로'의 '대로'는 앞말로 체언(의존 명사) '것'이 오고, 그 말과 붙여 쓰고 있으므로 품사는 조사이다. 여기서 '대로'는 따로따로 구별됨을 나타내는 보조사이다.

④ 관형사는 조사와 결합하지 않고 뒤에 오는 체언을 수식하는 데 비해 대명사는 조사와 결합하여 사람이나 사물 등을 대신하거나 지칭할 때 쓰인다. 이로 볼 때 '이 사과'의 '이'는 조사와 결합하지 않고 뒤에 오는 체언 '사과'를 수식하고 있으므로 품사는 관형사(지시 관형사)이다. 그리고 말하는 이에게 가까이 있거나 말하는 이가 생각하고 있는 대상을 가리킬 때 쓴다. 한편, '이보다 더 좋은 수가'에서 '이'는 부사격 조사 '보다'와 결합하였으며, 말하는 이에게 가까이 있거나 말하는 이가 생각하고 있는 대상을 가리키고 있으므로 대명사(지시 대명사)이다.

03

정답 ①

정답 해설

'할 만큼 했다'의 '만큼'은 앞말로 관형어(용언의 관형사형) '할'이 오고, 그 앞말과 띄어 쓰고 있으므로 의존 명사로, '앞의 내용에 상당한 수량이나 정도임을 나타내는 말'을 뜻한다. 그런데 '밥통째 먹으리만큼'의 '만큼'은 어간 '먹-'과 결합한 어미 '-으리만큼'의 일부이다. '-으리만큼'은 '-을 정도로'의 뜻을 나타내는 연결 어미이다. 따라서 '의존 명사-조사'의 짝에 해당하지 않는다.

오답 분석

② '들어오는 대로'의 '대로'는 앞말로 관형어(용언의 관형사형) '들어오는'이 오고, 그 앞말과 띄어 쓰고 있으므로 의존 명사이다. 그런데 '멋대로'의 '대로'는 앞말로 체언(명사) '멋'이 오고, 그 앞말과 붙여 쓰고 있으므로 조사이다. 따라서 '의존 명사-조사'의 짝에 해당한다.

③ '10년 만에'의 '만'은 '앞말이 가리키는 말의 동안, 거리'의 뜻으로 쓰이며, 앞말로 관형어(주로 시간이나 횟수를 나타내는 말이 옴) '10년'이 오고, 그 앞말과 띄어 쓰고 있으므로 의존 명사이다. 그런데 '너만 와라'의 '만'은 한정과 제한을 나타내는 뜻으로 쓰이며 앞말인 체언(대명사) '너'와 붙여 쓰고 있으므로 보조사이다. 따라서 '의존 명사-조사'의 짝에 해당한다.

④ '할 뿐이다'의 '뿐'은 앞말로 관형어(용언의 관형사형) '할'이 오고, 그 앞말과 띄어 쓰며, 뒤에 오는 서술격 조사 '이다'와 붙여 쓰고 있으므로 의존 명사이다. 그런데 '우리는 다섯뿐이다'에서 '뿐'은 앞말로 체언(수사) '다섯'이 오고, 그 앞말과 붙여 쓰고 있으므로 보조사이다. 따라서 '의존 명사-조사'의 짝에 해당한다. 참고로 '뿐이다'는 '보조사+서술격 조사'로 이루어진 것이다.

정답 해설

②, ③, ④의 밑줄 친 단어의 품사는 동사이나 ①의 밑줄 친 단어는 형용사이다. 동사와 달리 형용사는 감탄형 어미 '-는구나'나 현재형 어미 '-ㄴ/는다'와 같은 어미의 결합에 제약이 있다. 따라서 감탄형 어미 '-는구나'나 현재형 어미 '-ㄴ/는다'의 결합 여부에 따라 동사와 형용사를 구분할 수 있다. ②의 '밝으면'은 '밝는구나', '밝는다', ③의 '키우신다'는 '키우는구나', '키운다', ④의 '늙지'는 '늙는구나', '늙는다'와 같이 감탄형 어미 '-는구나'나 현재형 어미 '-ㄴ/는다'의 결합이 가능하고 동작이나 작용을 나타내고 있으므로 동사이다. 그런데 ①의 '많다'는 상태를 나타내며 '많는구나(×)'와 같이 감탄형 어미 '-는구나'나 '많는다(×)'와 같이 현재형 어미 '-는다'와 결합할 수 없기 때문에 형용사이다.

정답 해설

'골고루 다 갖춘. 또는 여러 가지의'라는 뜻의 '갖은'은 체언(명사) '고생'을 수식하고 조사와 결합하지 않으며, 서술성이 없어 기본형('-다')도 만들 수 없으므로 관형사이다. 그런데 ②, ③, ④에 밑줄 친 단어들은 모두 부사이다. 관형사와 비교해 볼 때 부사는 주로 용언을 수식하지만 문장이나 체언, 다른 부사, 관형사를 수식하기도 하며 격 조사는 결합할 수 없으나 보조사는 결합이 가능하며, 서술성은 없어 기본형('-다')도 만들 수 없다.

오답 분석

② '다름이 아니라 곧'이라는 뜻의 '바로'는 체언(대명사) '이것'을 수식하고 있는 부사이다.

③ 문장과 문장을 병렬적으로(대등하게) 연결하고 있는 '그리고'는 부사이다. '그리고'처럼 앞의 체언이나 문장의 뜻을 뒤의 체언이나 문장에 이어 주면서 뒤의 말을 꾸며 주는 부사를 접속 부사라고 한다.

④ '입을 조금 벌리고 소리 없이 자꾸 귀엽고 보드랍게 웃는 모양'이라는 뜻의 '방글방글'은 동사 '웃는다'를 수식하고 있는 부사이다.

정답 해설

'사용하거나 구입한 지 얼마 되지 아니한'이라는 뜻의 '새'는 체언(명사) '신발'을 수식하고 조사와 결합하지 않으며, 서술성이 없어 기본형('-다')도 만들 수 없으므로 관형사이다. 그런데 ②, ③, ④에 밑줄 친 단어들은 부사이다.

오답 분석

② '결과에 있어서도 참으로'라는 뜻의 '과연'은 '우리는 앞으로 어떻게 될까?'라는 문장 전체를 수식하고 있는 부사이다.

③ '같은 일을 잇따라 잦게'라는 뜻의 '자주'는 '다닌다'라는 용언(동사)을 수식하고 있는 부사이다.

④ '거짓이 없이 말 그대로'라는 뜻의 '정말'은 '열심히'라는 다른 부사를 수식하고 있는 부사이다.

정답 해설

'다른'이 '이외의, 딴(제3의), 나머지'라는 의미로 쓰이며 서술성이 없고, 뒤에 오는 체언을 꾸며 줄 때는 관형사이다. 반면에 '비교가 되는 두 대상이 서로 같지 아니하다'나 '보통의 것보다 두드러진 데가 있다'라는 의미로 쓰이고, 서술성이 있으며(안긴문장에서 서술어), 뒤에 오는 체언을 꾸며 줄 때(전체 문장에서 관형어)는 형용사 '다르다'의 활용형이다. 이로 볼 때 ④의 '다른'은 '같지 아니하다'의 의미로 쓰이며, '나와 생각이 다르다'라는 문장에 관형사형 어미 '-ㄴ'이 결합하여 전체 문장에서 관형어로 쓰이면서 안긴문장의 서술어가 되므로 서술성이 있다. 따라서 ④의 '다른'은 형용사 '다르다'의 활용형으로 품사는 형용사이다.

오답 분석

① '딴(제3의)'이나 '나머지'의 의미로 쓰이며 서술성이 없고 뒤에 오는 체언(명사) '사람들'을 수식하고 있으므로 관형사이다.

② '딴(제3의)'의 의미로 쓰이며 서술성이 없고 뒤에 오는 체언(명사) '음식'을 수식하고 있으므로 관형사이다.

③ '이외의'나 '딴(제3의)'의 의미로 쓰이며 서술성이 없고 뒤에 오는 체언(명사) '일'을 수식하고 있으므로 관형사이다.

문장 성분과 문장의 짜임

적중 예상문제

p. 14

01	02	03	04	05
①	②	③	③	③
06	**07**	**08**	**09**	**10**
③	②	④	④	①
11	**12**	**13**	**14**	**15**
②	④	③	③	②
16	**17**	**18**	**19**	**20**
④	③	③	④	④

01
정답 ①

정답 해설

'우리가 좋아했던'은 관형사형 어미 '-던'이 붙어 문장에서 관형어의 역할을 하고 있는 관형절이다. 주어와 서술어를 갖춘 둘 이상의 어절이 모여서 하나의 의미 단위를 이루고 있기 때문에 '구'가 아닌 '절'로 지칭하는 것이 적절하다.

오답 분석

② '그 그림'은 둘 이상의 어절이 만나서 하나의 단어와 동등한 기능을 수행하고 있으며 주격 조사 '이'가 붙어 문장에서 주어의 기능을 하고 있다.

③ 해당 문장에는 '우리'와 '그림'이라는 두 개의 주어가 존재한다.

④ '좋아했던'과 '사라졌다' 모두 '좋아하다', '사라지다'의 활용 형태로 문장에서 서술어의 기능을 하고 있다.

02
정답 ②

정답 해설

'우리 집의'는 주어와 서술어 관계가 없는 둘 이상의 어절이 모여 하나의 단어와 동등한 기능을 수행하고 있는 '구'로 문장에서 '가훈'을 꾸며 주는 관형어의 기능을 하고 있다.

오답 분석

① '엄마의 음식은'은 주어와 서술어 관계가 없는 둘 이상의 어절이 모여 하나의 단어와 동등한 기능을 수행하고 있는 '구'에 해당하고, 문장에서 주어의 역할을 하고 있다.

③ '열심히 뛰었다'는 주어와 서술어 관계가 없는 둘 이상의 어절이 모여 하나의 단어와 동등한 기능을 수행하고 있는 '구'에 해당하고, 문장에서 서술어의 기능을 하고 있다.

④ '좀 더 열심히'는 주어와 서술어 관계가 없는 둘 이상의 어절이 모여 하나의 단어와 동등한 기능을 수행하고 있는 '구'에 해당하고, 문장에서 '하다(해야)'를 꾸며 주는 부사어의 기능을 하고 있다.

03
정답 ③

정답 해설

'이미 알고 있었다'는 주어와 서술어 관계가 없는 둘 이상의 어절이 만나 하나의 단어와 동등한 기능을 수행하는 단위인 '구'에 해당하고, 문장에서 서술어의 기능을 하고 있다.

오답 분석

① 어절은 문장을 구성하는 마디로 띄어쓰기의 단위와 동일하다. 따라서 해당 문장은 9개의 어절로 구성된다.

② 문장 전체의 주어와 서술어와는 별개로 '그녀가 다른 남자와 만난다' 안에도 주어(그녀가)와 서술어(만난다)가 포함되어 있으므로 이는 '절'에 해당한다.

④ 전체 문장 속에서 주어의 역할을 하는 것은 '그는'이고 서술어의 역할을 하는 것은 '알고 있었다'이다.

04
정답 ③

정답 해설

문장 성분 중 주성분에는 주어, 서술어, 목적어, 보어가 있고, 부성분에는 관형어, 부사어가 있다. '항상'은 부사어이므로 문장의 부성분이다.

오답 분석

① '나는'은 문장에서 주어의 역할을 하고 있으므로 문장의 주성분이다.

② '옷을'은 문장에서 목적어의 역할을 하고 있으므로 문장의 주성분이다.

④ '입는다'는 문장에서 서술어의 역할을 하고 있으므로 문장의 주성분이다.

05
정답 ③

정답 해설

'따스하다'는 주어인 '햇살이'만을 필요로 하는 한 자리 서술어이다. 다른 선지들은 모두 두 자리 서술어이므로 나머지 선지들과 서술어의 자릿수가 다른 하나에 해당한다.

오답 분석

① '아니야'는 주어인 '나는'과 보어인 '선생님이'를 필요로 하는 두 자리 서술어이다.

② '생겼다'는 주어인 '이것은'과 필수 부사어인 '음식처럼'을 필요로 하는 두 자리 서술어이다.

④ '만났다'는 주어인 '나는'과 목적어인 '친구를'을 필요로 하는 두 자리 서술어이다.

06
정답 ③

정답 해설

<보기>의 '알맞다'는 주어인 '사과는'과 부사어인 '먹기에'를 필요로 하는 두 자리 서술어이다. 하지만 서술어 '여긴다'는 주어인 '어머니는'과 목적어인 '않는 것을', 부사어인 '중요한 것으로'를 필수적으로 요구하는 세 자리 서술어이다.

오답 분석

① '마신다'는 주어인 '나는'과 목적어인 '물을'을 필요로 하는 두 자리 서술어이다.

② '읽는다'는 주어인 '그는'과 목적어인 '표정을'을 필요로 하는 두 자리 서술어이다.

④ '알맞다'는 주어인 '이 땅은'과 부사어인 '세우기에'를 필요로 하는 두 자리 서술어이다.

07 정답 ②

정답 해설

'지하철에서'는 동사인 '읽었다'를 수식하며 문장에서 부사어의 기능을 하고 있다. 따라서 문장의 주성분이 아닌 부성분에 해당한다.

오답 분석

① '샀다'는 문장에서 서술어의 기능을 하고 있는 주성분이다.

③ '신문을'은 문장에서 목적어의 기능을 하고 있는 주성분이다.

④ '실수는'은 문장에서 보어의 기능을 하고 있는 주성분이다.

08 정답 ④

정답 해설

체언 '부모님'에 격 조사 '께서'와 보조사 '도'가 결합하여 문장에서 '아신다'에 대한 주어의 역할을 하고 있다.

오답 분석

① 체언 '부모님'에 보조사 '도'가 결합하여 있지만 문장에서 부사어의 기능을 하고 있지 않다.

② 체언 '부모님'에 다양한 조사가 결합하여 문장에서 주어의 역할을 한다.

③ 체언 '부모님'에 보조사 '도'가 결합되어 있으며 문장에서 주어의 역할을 한다.

09 정답 ④

정답 해설

체언 '선생님'에 주격 조사 '께서'가 결합된 형태로 주어로 사용되고 있으므로 <보기>의 예시로는 적절하지 않다.

오답 분석

① 주격 조사 없이 보조사 '는'이 붙어 주어가 되었다.

② 주격 조사 없이 보조사 '마저'가 붙어 주어가 되었다.

③ 주격 조사 없이 보조사 '만'이 붙어 주어가 되었다.

10 정답 ①

정답 해설

'자야 한다'는 주어를 필요로 하는 한 자리 서술어로, '어서'는 '자야 한다'를 수식해 주는 생략 가능한 부사어이다.

오답 분석

② '다르다'는 주어와 부사어를 필요로 하는 두 자리 서술어로, 이때의 '나와'는 필수적 부사어이다.

③ '닮다'는 주어와 부사어를 필요로 하는 두 자리 서술어로, 이때의 '강아지와'는 필수적 부사어이다.

④ '뽑히다'는 주어와 부사어를 필요로 하는 두 자리 서술어로 이때의 '반장으로'는 필수적 부사어이다.

11 정답 ②

정답 해설

'아무런 소란도 없이'가 용언인 '진행시켰다'를 수식하는 부사어의 역할을 한다. 따라서 해당 문장은 부사절이 안긴 문장이다.

오답 분석

① '그 사람이 당선되었다는'이 뒤의 체언인 '기사'를 수식해 주고 있으므로 해당 절은 관형절이다. 따라서 관형절이 안긴 문장이다.

③ '내가 제일 좋아하는'이 체언인 '과일'을 꾸며 주는 관형어의 역할을 한다. 따라서 해당 문장은 관형절이 안긴 문장이다.

④ '그 사람이 만든'이 뒤의 체언인 '작품'을 수식해 주고 있는 관형어의 역할을 한다. 따라서 이 문장은 관형절이 안긴 문장이다.

12 정답 ④

정답 해설

④번 문장은 직접 인용절로, 주어진 문장을 큰 따옴표를 활용해 있는 그대로 인용하여 사용하고 있다. 다른 문장들은 간접 인용문이므로 인용절의 종류가 다른 하나에 해당한다.

오답 분석

① 간접 인용절을 안은 문장으로, '네 작품이 너무 맘에 들었다'를 화자의 표현으로 바꾸어서 사용하고 있다.

② 간접 인용절을 안은 문장으로, '예쁜 눈을 갖고 있다'를 화자의 표현으로 바꾸어서 사용하고 있다.

③ 간접 인용절을 안은 문장으로, '거짓말하지 말라'를 화자의 표현으로 바꾸어서 사용하고 있다.

13 정답 ③

정답 해설

'부딪치다'는 주어와 필수 부사어를 필요로 하는 대칭 서술어로, 문장을 둘로 나눌 수가 없기 때문에 이는 홑문장에 해당한다.

오답 분석

① '철수가 공부를 잘한다'와 '영희가 공부를 잘한다'의 두 가지 문장이 합쳐진 겹문장에 해당한다.

② '비가 오고 나서'와 '길이 다 젖었다'가 서로 이어진 문장이다. 따라서 겹문장에 해당한다.

④ '내가 실수했음'의 절이 문장에서 목적어의 역할로 안겨 있다. 따라서 겹문장에 해당한다.

14 정답 ③

정답 해설

'그녀만의 방식으로'가 주어와 서술어의 관계가 없는 부사구로 사용되어 '미래'를 꾸며 주는 부사어의 역할을 하고 있다. 하나의 주어와 서술어만이 문장에 등장하므로 이는 홑문장이다.

오답 분석

① 대등적 연결 어미 '든지'를 사용해 '집에 가든지'와 '학교에 남아있든지'가 대등하게 이어진 문장이다. 따라서 이 문장은 겹문장에 해당한다.

② '색이 변한 음식을 먹었'기 때문에 배탈이 났으므로 이는 '-니'의 연결 어미를 통해 앞 절과 뒤 절이 서로 원인과 결과의 관계를 나타내는 종속적으로 이어진 문장이다. 따라서 이 문장은 겹문장에 해당한다.

④ '내가 음악에 소질이 있음'이 문장에서 목적어의 역할을 하며, 명사형 어미 '-음' 붙어 명사절로 안긴 문장의 역할을 하고 있다. 따라서 이 문장은 겹문장이다.

15
정답 ②

정답 해설

'어제 본'이 뒤의 체언인 '사람'을 수식해 주고 있는 관형절로 안긴 문장이 사용되어 진다. 이때 관형절에 '사람'이 생략되어서 사용되므로 관계 관형절에 해당한다.

오답 분석

① 주어(내가, 아들이)와 서술어(보다, 검사다)의 관계가 두 번 이상 사용되는 겹문장이다.

③ '아들이 검사다'라는 절이 문장에서 서술어의 기능을 하면서 안겨있다. 따라서 서술절로 안긴 문장이 사용된다.

④ '예상과는 달리'라는 절이 문장에서 부사어의 기능을 하면서 안겨있으며, 뒤의 문장 '어제 본 사람은 아들이 검사다.'를 수식한다. 따라서 부사절로 안긴 문장이 사용된다.

16
정답 ④

정답 해설

'악습이 남아있다는'이 뒤의 체언인 '사실'을 수식해 주는 관형절의 역할을 한다. 이때 문장의 성분을 모두 갖추고 있으므로 이는 동격 관형절에 해당한다.

오답 분석

① '나이가 많은'이 '사람들'을 꾸며 주고 있다. 이때 관형절에 '사람들'이 생략되어서 사용되므로 관계 관형절에 해당한다.

② '내가 좋아하는'이 뒤의 체언 '과자'를 꾸며 주고 있는 관형절이다. 이때 관형절 속에 '과자'가 생략되어서 사용되므로 이는 관계 관형절에 해당한다.

③ '내가 십 년간 살았던'이 뒤의 체언인 '집'을 수식해주고 있는 관형절의 역할을 한다. 이때 관형절에 '집'이 생략되어서 사용되므로 이는 관계 관형절에 해당한다.

17
정답 ③

정답 해설

대등적 연결 어미인 '-고'를 통해 대등한 관계로 결합되었고, 선행절과 후행절의 순서를 바꿔도 의미가 달라지지 않는다. 따라서 '오늘 나는 등산을 간다'와 '오늘 나는 밥을 먹을 것이다'의 두 문장은 대등적으로 이어진 문장이다.

오답 분석

① '어서 들어가서 자라고'가 인용절로 간접 인용되어 안겨있다. 따라서 이는 이어진 문장이 아닌 안긴 문장이다.

② '밖에 눈이 오냐'가 문장 속에서 인용절로 간접 인용되어 안겨있다. 따라서 이는 이어진 문장이 아닌 안긴 문장이다.

④ '나도 모르게'가 '손이 갔다'를 꾸며 주며 문장 속에서 부사절로 안겨있다. 따라서 이는 이어진 문장이 아닌 안긴 문장이다.

18
정답 ③

정답 해설

연결 어미 '-지만'을 통해 연결된 대등하게 이어진 문장으로, 앞 절과 뒤 절의 순서를 바꾸어도 의미가 달라지지 않는다. 이때의 '-지만'은 대등적 의미로 쓰였다.

오답 분석

① 연결 어미 '-어서'를 통해 앞 절과 뒤 절이 서로 원인과 결과의 관계를 나타내는 종속적으로 이어진 문장이다.

② 연결 어미 '-지만'을 통해 앞 절이 뒤 절에 대한 조건이 되어주는 종속적으로 이어진 문장이다. 이때의 '-지만'은 종속적 의미로 쓰였다.

④ 연결 어미 '-다면'으로 이어진 앞 절이 뒤 절의 배경이 되어주는 종속적으로 이어진 문장이다.

19
정답 ④

정답 해설

'-거든'은 앞 절이 뒤 절에 대한 조건을 나타내는 종속적 연결 어미이다.

오답 분석

① 목적을 나타내는 종속적 연결 어미에는 '-려고', '-고자' 등이 있다.

② 배경을 나타내는 종속적 연결 어미에는 '-ㄴ데', '-는데' 등이 있다.

③ 가정이나 양보를 나타내는 종속적 연결 어미에는 '-아도', '-라면', '-ㄹ지 언정' 등이 있다.

20
정답 ④

정답 해설

④번은 문장의 주성분이 주어, 보어, 서술어로 구성되어 주어와 서술어의 관계가 한 번만 나타나는 홑문장이다. 다른 문장들은 그 짜임 형태가 모두 겹문장으로 구성되어 있다.

오답 분석

① '-어서' 연결 어미를 통해 앞 절과 뒤 절이 서로 원인과 결과의 의미를 나타내는 종속적으로 이어진 문장으로 겹문장이다.

② '넓은'이 체언인 '집'을 수식하는 관형절이므로 이는 관형절이 안긴 문장으로 겹문장이다.

③ '놀러 온'이 체언인 '가족'을 수식하는 관형절이므로 이는 관형절이 안긴 문장으로 겹문장이다.

01	02	03	04	05
③	④	④	②	①
06	**07**	**08**	**09**	
①	④	①	③	

01

정답 ③

정답 해설

'되다', '아니다' 앞에 있는 '이/가'는 보격 조사로 '물이(주어)', '얼음이(보어)', '되었다(서술어)'의 문장 형태를 지니고 있다. 그러므로 '얼음이'는 부사어가 아니라 보어이다.

오답 분석

① '지원은'은 동작 '깨웠다'의 주체로 주어에 해당한다.

② '만들었다'는 주어 '유선은'과 목적어 '도자기를'을 필요로 하는 서술어이다.

④ '어머나'는 감탄사로 문장의 다른 성분과 직접적 관련을 맺지 않는 독립어이다.

02

정답 ④

정답 해설

제시된 문장에서 서술어 '넓다'는 주어 '길이'만 있으면 문장이 성립하므로, 주어만을 필요로 하는 한 자리 서술어이다. 하지만 ①, ②, ③에 밑줄 친 서술어들은 주어 외에도 다른 문장 성분을 필요로 하는 두 자리 서술어이다.

오답 분석

① 서술어 '같다'는 주어 '그림이' 외에도 부사어 '실물과'가 있어야 문장이 성립하므로 주어와 (필수적) 부사어를 필요로 하는 두 자리 서술어이다.

② 서술어 '아니다'는 주어 '나는' 외에도 보어 '학생이'가 있어야 문장의 성립하므로 주어와 보어를 필요로 하는 두 자리 서술어이다.

③ 서술어 '울렸다(울리다)'는 주어 '지호가' 외에도 목적어 '종을'이 있어야 문장이 성립하므로 주어와 목적어를 필요로 하는 두 자리 서술어이다.

03

정답 ④

정답 해설

제시된 문장은 '정부에서 (조사를) 실시하다'에 관형사형 어미 '-ㄴ'이 결합한 관형절을 안은 문장으로, 안긴문장의 '정부에서는 서술어 '실시하다'의 주어이다. 여기서 '에서'는 단체를 나타내는 명사 뒤에 붙는 주격 조사이다. 반면에 ①, ②, ③의 밑줄 친 말의 문장 성분은 모두 부사어이다.

오답 분석

① '시장에서는 서술어 '사 왔다'를 수식하는 부사어로, 여기서 '에서'는 장소(처소)를 나타내는 부사격 조사이다.

② '마음에서는 뒤에 오는 용언 '드리는(드리다)'을 수식하는 부사어로, 여기서 '에서'는 앞말이 근거임을 나타내는 부사격 조사이다.

③ '이에서는 문장 '어찌 더 나쁠 수가 있겠어요?'를 수식하는 부사어로, 여기서 '에서'는 비교의 부사격 조사이다.

04

정답 ②

정답 해설

보조사를 격 조사로 바꾸어 보면 문장 성분을 쉽게 찾을 수 있다. 제시된 문장에서 '마음만은 날아갈 것 같다'는 '마음이 날아갈 것 같다'로 바꾸어 쓸 수 있으므로, 보조사 '만'과 '은'은 주격 조사 '이'로 바꿀 수 있다. 따라서 '마음만은'의 문장 성분은 주어이다. 그런데 ①, ③, ④의 밑줄 친 말의 문장 성분은 모두 목적어이다.

오답 분석

① '밥도 안 먹고'는 '밥을 안 먹고'로 바꾸어 쓸 수 있으므로, 즉 보조사 '도'는 목적격 조사 '을'로 바꿀 수 있다. 따라서 '밥도'의 문장 성분은 목적어이다.

③ '물만 주었다'는 '물을 주었다'로 바꾸어 쓸 수 있으므로, 즉 보조사 '만'은 목적격 조사 '을'로 바꿀 수 있다. 따라서 '물만'의 문장 성분은 목적어이다.

④ '사투리까지 싫어할'은 '사투리를 싫어할'로 바꾸어 쓸 수 있으므로, 즉 보조사 '까지'는 목적격 조사 '를'로 바꿀 수 있다. 따라서 '사투리까지'의 문장 성분은 목적어이다.

05

정답 ①

정답 해설

명사절은 용언의 어간에 명사형 전성 어미 '-(으)ㅁ', '-기'가 붙어 전체 문장에서 주어, 목적어, 부사어 등 명사의 역할을 하고, 관형절은 용언의 어간에 관형사형 전성 어미 '-(으)ㄴ', '-(으)ㄹ', '-던'이 붙어 전체 문장에서 체언을 수식하는 관형어의 역할을 한다. 이로 볼 때 ㉠ '봄이 오기'는 '봄이 오다'에 명사형 전성 어미 '-기'가 붙어 전체 문장에서 목적어의 역할을 하는 명사절이다. 그리고 ㉡ '열심히 공부하는'은 '(그녀가) 열심히 공부하다'에 관형사형 전성 어미 '-는'이 붙어 전체 문장에서 체언 '그녀'를 수식하는 관형절이다. 따라서 ㉠은 명사절을 안은 문장, ㉡은 관형절을 안은 문장에 해당한다.

오답 분석

② '밖에 나가기'는 '(나는) 밖에 나가다'에 명사형 전성 어미 '-기'가 붙어 전체 문장 '밖에 나가기가 싫다'의 주어 역할을 하므로 ㉠은 명사절을 안은 문장에 해당한다. 그러나 ㉡은 전체 주어 '누나는'과 전체 서술어 '마음이 넓다'로 이루어졌으며, 서술어가 '주어 + 서술어'의 관계를 맺고 있는 절이므로 서술절을 안은 문장에 해당한다.

③ '내가 입을'은 '내가 (옷을) 입다'에 관형사형 전성 어미 '-을'이 붙어 전체 문장에서 체언 '옷'을 수식하는 관형어 역할을 하고 있으므로 ㉠은 관형절을 안은 문장에 해당한다. 그리고 '꽃이 활짝 핀'은 '꽃이 활짝 피다'에 관형사형 전성 어미 '-ㄴ'이 붙어 전체 문장에서 체언 '봄'을 수식하는 관형어 역할을 하고 있으므로 ㉡도 관형절을 안은 문장에 해당한다.

④ '그가 범인임'은 '그가 범인이다'에 명사형 전성 어미 '-ㅁ'이 붙어 문장에서 주어 역할을 하고 있으므로 ㉠은 명사절을 안은 문장에 해당한다. 그러나 '예쁘게는 '(얼굴이) 예쁘다'에 부사형 전성 어미 '-게'가 붙어 전체 문장에서 용언 '생겼다'를 수식하는 부사어의 역할을 하고 있으므로 ㉡은 부사절을 안은 문장이다.

06 정답 ①

정답 해설

㉠ '물들었다'가 주어 '잎이' 외에도 부사어 '노랗게'가 있어야 문장이 성립하듯, '물들다'는 부사격 조사 '으로', '에/에게', 또는 어미 '-게'가 결합한 부사어를 필요로 하는 두 자리 서술어이다.

오답 분석

② ㉡ '읽었다'가 주어 '그는' 외에도 목적어 '소설책을'이 있어야 문장이 성립하듯, '읽다'는 주어와 목적어를 필수적으로 요구하는 두 자리 서술어이다. 따라서 제시된 문장에서 부사어 '열심히'는 없어도 문장이 성립하므로 부사어를 필수적으로 요구하는 세 자리 서술어라는 설명은 적절하지 않다.

③ ㉢ '되었다'가 주어 '사람은' 외에도 보어 '사람이'가 있어야 문장이 성립하듯, '되다'는 주어와 보어를 필수적으로 요구하는 두 자리 서술어이다. 따라서 보어를 필수적으로 요구하지 않는 한 자리 서술어라는 설명은 적절하지 않다.

④ ㉣ '여긴다'가 주어 '그녀는' 외에도 목적어 '행운을', 부사어 '당연하게'가 있어야 문장이 성립하듯, '여기다'는 주어 외에도 목적어, 부사어를 필수적으로 요구하는 세 자리 서술어이다. 따라서 부사어를 필수적으로 요구하지 않는 두 자리 서술어라는 설명은 적절하지 않다.

07 정답 ④

정답 해설

대등하게 이어진 문장은 앞 절과 뒤 절이 대등한 관계로 결합된 문장으로, 앞 절과 뒤 절을 이을 때 나열의 연결 어미 '-고', '-(으)며', 대조의 연결 어미 '-(으)나', '-지만', 선택의 연결 어미 '-거나', '-든(지)' 등이 쓰인다. 이로 볼 때 ④는 '낮말은 새가 듣는다'와 '밤말은 쥐가 듣는다'가 나열의 연결 어미 '-고'로 대등한 관계를 맺고 있으므로 대등하게 이어진 문장이다. 하지만 ①, ②, ③은 앞 절과 뒤 절의 의미가 독립적이지 못하고 종속적인 관계로 결합된 종속적으로 이어진 문장이다. 참고로 대등적으로 이어진 문장은 '밤말은 쥐가 듣고 낮말은 새가 듣는다'처럼 앞 절과 뒤 절의 순서를 바꾸어도 문장의 의미가 바뀌지 않고, 비문이 되지 않는다. 하지만 종속적으로 이어진 문장은 앞 절과 뒤 절의 순서를 바꾸면 그 의미가 달라지거나 비문이 된다.

오답 분석

① '까마귀 날다'와 '배 떨어진다'가 한 동작이 막 끝남과 동시에 다른 동작이나 사실이 잇따라 일어남을 나타내는 연결 어미 '-자'와 결합한 종속적으로 이어진 문장이다.

② '사공이 많다'와 '배가 산으로 간다'가 조건의 연결 어미 '-으면'과 결합한 종속적으로 이어진 문장이다.

③ '가는 말이 곱다'와 '오는 말이 곱다'가 조건의 연결 어미 '-아야'와 결합한 종속적으로 이어진 문장이다.

08 정답 ①

정답 해설

하나의 절이 안은문장에서 관형절로 안기는 과정에서 생략된 문장 성분이 없으면 동격 관형절이고, 생략된 문장 성분이 있으면 관계 관형절이다. ①의 '비가 오는'은 '비가 오다'에 관형사형 전성 어미 '-는'이 붙어 관형절이 되는 과정에서 생략된 성분이 없기 때문에 동격 관형절에 해당한다. 하지만 ②, ③, ④의 관형절 '새로 맞춘', '길에서 주운', '지하철에서 만났던'은 모두 생략된 문장 성분이 있는 관계 관형절에 해당한다.

오답 분석

② '새로 맞춘'은 '철수는 양복을 새로 맞추다'에 관형사형 전성 어미 '-ㄴ'이 붙어 관형절이 되는 과정에서 주어 '철수는'과 목적어 '양복을'이 생략되었으므로 관계 관형절에 해당한다.

③ '길에서 주운'은 '나는 길에서 지갑을 주웠다'에 관형사형 전성 어미 '-은'이 붙어 관형절이 되는 과정에서 주어 '나는'과 목적어 '지갑을'이 생략되었으므로 관계 관형절에 해당한다.

④ '지하철에서 만났던'은 '윤규가 지하철에서 사람을 만났다'에 관형사형 전성 어미 '-던'이 붙어 관형절이 되는 과정에서 목적어 '사람을'이 생략되었으므로 관계 관형절에 해당한다.

09 정답 ③

정답 해설

관형절이 되는 과정에서 생략된 문장 성분이 없을 때는 동격 관형절, 있을 때는 관계 관형절이라고 하는데, ③의 '영수가 애쓴'은 '영수가 애쓰다'에 관형사형 전성 어미 '-ㄴ'이 붙어 관형절이 되는 과정에서 생략된 문장 성분이 없으므로 동격 관형절에 해당한다. 하지만 ①, ②, ④의 밑줄 친 관형절은 생략된 문장 성분이 있는 관계 관형절이다.

오답 분석

① '영수가 만든'은 '영수가 음식을 만들다'에 관형사형 전성 어미 '-ㄴ'이 붙어 관형절이 되는 과정에서 목적어 '음식을'이 생략되었으므로 관계 관형절에 해당한다.

② '영수가 한'은 '영수가 질문을 하다'에 관형사형 전성 어미 '-ㄴ'이 붙어 관형절이 되는 과정에서 목적어 '질문을'이 생략되었으므로 관계 관형절에 해당한다.

④ '영수가 들은'은 '영수가 소식을 듣다'에 관형사형 전성 어미 '-은'이 붙어 관형절이 되는 과정에서 목적어 '소식을'이 생략되었으므로 관계 관형절에 해당한다.

적중 예상문제

p. 20

01	02	03	04	05
①	①	③	②	②
06	**07**	**08**	**09**	**10**
④	③	③	④	①
11	**12**	**13**	**14**	**15**
④	③	④	④	②
16	**17**	**18**	**19**	**20**
②	③	②	②	③

01

정답 ①

정답 해설

'소나무, 오솔길, 열쇠'는 모두 어근과 어근이 결합한 합성어이다.

- 소나무: '솔(어근, 명사) + 나무(어근, 명사)'가 결합한 합성어
- 오솔길: '오솔-(어근, 용언의 어간) + 길(어근, 명사)'이 결합한 합성어
- 열쇠: '열-(어근, 용언의 어간) + 쇠(어근, 명사)'가 결합한 합성어

오답 분석

② '새해'는 합성어, '선생님'은 파생어, '들르다'는 단일어이다.

- 새해: '새(어근, 관형사) + 해(어근, 명사)'가 결합한 합성어
- 선생님: '선생(어근, 명사) + -님(접사)'이 결합한 파생어
- 들르다: '들르-(어근, 용언의 어간) + -다(어미)'로 구성된 단일어

③ '빛나다, 본받다'는 합성어이나, '엿보다'는 파생어이다.

- 빛나다: '빛(어근, 명사) + 나다(어근, 동사)'가 결합된 합성어
- 본받다: '본(어근, 명사) + 받다(어근, 동사)'가 결합한 합성어
- 엿보다: '엿-(접사) + 보다(어근, 동사)'가 결합한 파생어

④ '고추장, 기와집'은 합성어이나, '애호박'은 파생어이다.

- 고추장: '고추(어근, 명사) + 장(어근, 명사)'이 결합한 합성어
- 기와집: '기와(어근, 명사) + 집(어근, 명사)'이 결합한 합성어
- 애호박: '애-(접사) + 호박(어근, 명사)'이 결합한 파생어

02

정답 ①

정답 해설

'알부자, 들국화, 불호령'은 모두 어근과 접사가 결합한 파생어이다.

- 알부자: '알-(접사) + 부자(어근, 명사)'가 결합한 파생어
- 들국화: '들-(접사) + 국화(어근, 명사)'가 결합한 파생어
- 불호령: '불-(접사) + 호령(어근, 명사)'이 결합한 파생어

오답 분석

② '새내기, 풋고추'는 파생어이나, '새신랑'은 합성어이다.

- 새내기: '새(어근, 관형사) + -내기(접사)'가 결합한 파생어
- 새신랑: '새(어근, 관형사) + 신랑(어근, 명사)'이 결합한 합성어

- 풋고추: '풋-(접사) + 고추(어근, 명사)'가 결합한 파생어

③ '치뛰다, 치솟다'는 파생어이나, '치켜뜨다'는 합성어이다.

- 치뛰다: '치-(접사) + 뛰다(어근, 동사)'가 결합한 파생어
- 치솟다: '치-(접사) + 솟다(어근, 동사)'가 결합한 파생어
- 치켜뜨다: '치켜[어근, 동사(원형: 치키다)] + 뜨다(어근, 동사)'가 결합한 합성어

④ '벼슬아치, 비행기'는 파생어이나, '볶음밥'은 합성어이다.

- 벼슬아치: '벼슬(어근, 명사) + -아치(접사)'가 결합한 파생어
- 비행기: '비행(어근, 명사) + -기(접사)'가 결합한 파생어
- 볶음밥: '볶음[어근, 동사(원형: 볶다)] + 밥(어근, 명사)'가 결합한 합성어

03

정답 ③

정답 해설

어근은 접사와 결합할 경우 일부에 한해서만 품사 변화가 발생한다. '사과 + 나무, 돌 + 다리, 손 + 수건, 팔 + 다리'는 모두 어근과 어근이 결합한 합성어이므로 접사가 존재하지 않고, 품사의 변화 또한 존재하지 않는다.

오답 분석

① 해당 단어들은 모두 어근과 어근이 결합하여 이루어진 단어로 두 개의 어근이 결합하여 합성어를 이루고 있다.

② 해당 단어들은 어근과 어근이 결합하는 과정에서 단어의 형태상 변화가 존재하지 않는다.

④ 해당 단어들은 모두 하나의 어근만으로 이루어진 단어들이 아니므로 복합어에 해당한다.

04

정답 ②

정답 해설

'시나브로, 아버지, 노래'는 모두 하나의 어근만으로 이루어진 단일어이다.

오답 분석

① '하늘, 과자'는 하나의 어근만으로 이루어진 단일어이나, '달걀'은 합성어이다.

- 달걀: '닭(어근, 명사) + 알(어근, 명사)'이 결합한 합성어

③ '귀엽다, 뛰다'는 하나의 어근만으로 이루어진 단일어이나, '돌아가다'는 합성어이다.

- 돌아가다: '돌아[어근, 동사(원형: 돌다)] + 가다(어근, 동사)'가 결합한 합성어

④ '다리, 사과'는 하나의 어근만으로 이루어진 단일어이나, '작은형'은 합성어이다.

- 작은형: '작은[어근, 형용사(원형: 작다)] + 형(어근, 명사)'이 결합한 합성어

05

정답 ②

정답 해설

'군 + 밤, 앞 + 서다, 이리 + 저리, 빈 + 주먹'은 모두 어근과 어근이 결합할 때 우리말의 일반적 단어 배열법과 일치하는 통사적 합성어이다.

오답 분석

① 해당 단어들은 모두 어근과 어근이 결합한 합성어이다.

③ 단어의 품사를 변화시킬 수 있는 복합어는 접사를 포함하고 있는 파생어이다. 해당 단어들은 모두 어근과 어근이 결합한 합성어이므로 품사가 달라지지 않는다.

④ 해당 단어들은 어근이 대등하게 결합하거나, 하나의 어근이 다른 어근의 뜻을 수식해 주고 있다. 본래의 뜻과는 달라지지 않는다.

06   정답 ④

정답 해설

ㄱ과 ㄴ의 '춘추(春秋)'는 모두 '춘'과 '추'가 연결된 형태의 합성어로, ㄱ은 '봄가을', ㄴ은 '나이'의 뜻으로 쓰이고 있다. 이때 ㄴ은 결합된 어근의 의미와는 전혀 다른 의미를 가지는 융합 합성어이다. 따라서 두 단어가 모두 복합어이다.

오답 분석

① ㄱ의 '춘추'는 '춘 + 추'가 결합된 복합어로, 이때 어근과 어근의 결합 형태를 띠기 때문에 합성어에 해당한다.

② ㄱ의 '춘추'는 '봄 그리고 가을'을 뜻하는 단어로, 두 개의 어근이 대등하게 연결되는 대등 합성어이다.

③ ㄴ의 '춘추'는 '나이'를 나타내는 단어로, 높임의 대상에게 쓰는 높임을 나타내는 단어이다.

07   정답 ③

정답 해설

'밤낮, 재미나다'는 모두 통사적 합성어이다.

- 밤(명사) + 낮(명사): 명사와 명사가 결합된 형태의 통사적 합성어
- 재미(명사, 주어) + 나다(동사, 서술어): 주어와 서술어가 순차적으로 결합된 통사적 합성어

오답 분석

① '이슬비'는 통사적 합성어이나, '꽂감'은 비통사적 합성어이다.

- 이슬(명사) + 비(명사): 수식와 피수식어의 관계를 가지고 있으며, 명사와 명사가 결합된 통사적 합성어
- 꽂-(용언의 어간) + 감(명사): 용언의 어간이 어미 없이 명사에 결합한 비통사적 합성어

② '늙은이'는 통사적 합성어이나, '검푸르다'는 비통사적 합성어이다.

- 검-(용언의 어간) + 푸르다(용언): 용언의 어간에 연결 어미가 생략되어 다른 용언과 결합한 비통사적 합성어
- 늙은(용언의 관형사형) + 이(명사): 용언의 관형사형과 명사가 결합한 통사적 합성어이다.

④ '이승'은 통사적 합성어이나, '독서'는 비통사적 합성어이다.

- 이(관형사) + 승(명사): 관형사와 명사가 결합한 형태의 통사적 합성어
- 독서(讀書): '읽다 + 글'의 구조로 한자의 어순을 따르고 있어 우리말 어순과는 다른 방식을 보이는 비통사적 합성어

08   정답 ③

정답 해설

'뛰놀다, 접칼'은 모두 비통사적 합성어이다.

- 뛰-(용언의 어간) + 놀다(용언): 용언의 어간에 연결 어미 '-어'가 생략되어 다른 용언과 결합한 비통사적 합성어
- 접-(용언의 어간) + 칼(명사): 용언의 어간에 관형사형 전성 어미 '-은'이 생략된 비통사적 합성어

오답 분석

① '굳세다'는 비통사적 합성어이나, '마소'는 통사적 합성어이다.

- 굳-(용언의 어간) + 세다(용언): 용언의 어간에 연결 어미 '-고'가 생략되어 다른 용언과 결합한 비통사적 합성어
- 마(말)(명사) + 소(명사): 명사와 명사가 결합한 통사적 합성어

② '볼록거울'은 비통사적 합성어이나, '힘들다'는 통사적 합성어이다.

- 볼록(부사) + 거울(명사): 부사가 명사 앞에 위치한 비통사적 합성어
- 힘(명사, 주어) + 들다(동사, 서술어): 주어와 서술어가 순차적으로 결합한 통사적 합성어

④ '산들바람'은 비통사적 합성어이나, '더욱더'는 통사적 합성어이다.

- 산들(부사) + 바람(명사): 부사가 명사 앞에 위치한 비통사적 합성어
- 더욱(부사) + 더(부사): 부사와 부사가 결합한 통사적 합성어

09   정답 ④

정답 해설

'주야(晝夜)'는 낮과 밤이라는 뜻이지만 '항상'의 의미로 사용되므로 두 어근이 본래의 뜻이 아닌 새로운 뜻을 가지는 융합 합성어이다.

오답 분석

① '세월'은 1년을 뜻하는 '세'와, 한 달을 뜻하는 '월'이 합쳐진 합성어이다. '시간'의 의미를 가지고 사용되므로 어근이 본래의 뜻이 아닌 새로운 의미를 나타내는 융합 합성어이다.

② '우짖다'는 '울고 + 짖다'의 두 가지 의미를 대등한 자격으로 연결하고 있으므로 대등 합성어이다..

③ '손수건'은 두 어근이 서로 주종의 관계로 연결된 것으로 종속 합성어이다.

10   정답 ①

정답 해설

'끄덕이다'는 부사 '끄덕'에 동사 파생 접미사 '-이-'가 결합된 형태로 어근의 품사가 부사에서 동사로 변화한다. 따라서 단어 형성 과정에서 어근의 품사가 바뀐 예시로 적절하다.

오답 분석

② 동사 '멈추다'는 하나의 어근으로만 이루어진 단일어로 어근의 품사가 그대로 사용된다.

③ 명사 '군식구'는 '군 + 식구'로 어근 '식구'에 접두사 '군'이 결합한 파생어이다. 이때 원래 '식구'의 품사가 그대로 명사로 사용된다.

④ 명사 '지붕'은 '집 + 웅'으로 어근 '집'에 접미사 '웅'이 결합한 파생어이다. 이때 어근의 품사가 그대로 명사로 사용된다.

11

정답 해설

'덮개'는 동사 '덮다'의 어간 '덮-'에 명사 파생 접사 '-개'가 결합한 파생어로, 접사 '-개'는 동사를 명사로 바꾸는 접사이다.

오답 분석

① '나들이'는 합성어 '나들다(나다 + 들다)'에 접미사 '-이'가 결합한 파생어이다.

② '감발'은 '감다'의 어간 '감-'에 명사 '발'이 결합한 합성어로, 어미가 생략된 채 어간과 어근과 연결된 것이므로 비통사적 합성어이다.

③ '바느질'은 명사 '바늘'에 접사 '-질'이 결합하여 파생어가 되면서 'ㄹ'이 탈락한 것이다. 따라서 어근과 접사가 결합하면서 형태의 변화가 일어난 파생어이다.

12

정답 ③

정답 해설

'헛손질'은 '헛- + 손 + -질'로 '헛-'과 '-질'이 모두 접사의 기능을 하고 있다. '접두사 + 어근 + 접미사'의 구성이므로 합성어와 접미사가 결합된 형태라는 설명은 옳지 않다.

오답 분석

① '톱질'은 '톱 + -질'로 어근 '톱'에 접미사 '-질'이 결합한 파생어이다.

② '조용히', '영원히'는 '조용하다'와 '영원하다'에 부사 파생 접미사 '-히'가 결합하여 부사의 품사를 가진다.

④ '퐁당퐁당'은 일반적인 단어 배열법인 부사와 부사 간의 결합 형태를 가지고 있어서 통사적 합성어로 분류된다.

13

정답 ④

정답 해설

'팽이치기'는 '팽이 + 치- + -기'로 합성어 '팽이 + 치-'에 접사 '-기'가 결합된 파생어에 해당한다.

오답 분석

① '등산(登山)'은 한자어로 '오르다 산'의 뜻이므로 우리말 어순을 따르고 있지 않다. 따라서 이는 비통사적 합성어로 분류된다.

② '논밭'은 '논 + 밭'으로 구성된 합성어로 두 어근이 본래의 의미를 가지고 대등하게 연결되어 있다.

③ '회자(膾炙)'는 '회 + 자'로 '칭찬을 받으며 사람의 입에 자주 오르내리는 것'을 의미하며 본래 어근의 뜻인 '회'와 '구운 고기'와는 다른 의미를 가지고 있는 융합 합성어이다.

14

정답 ④

정답 해설

'대여섯, 여러분, 고무신, 민둥산'은 모두 합성어이다.

- 대(다섯, 수사) + 여섯(수사)
  - → 합성 과정에서 '다섯'의 형태가 '대'로 바뀜
- 여러(관형사) + 분(명사)
- 고무(명사) + 신(명사)
- '민둥민둥'의 일부분(혹은 '민둥하다'의 어근) + 산(명사)

오답 분석

① '나무꾼, 도둑질'은 파생어, '물먹다, 또다시'는 합성어이다.

- 물(어근, 명사) + 먹다(어근, 동사)
- 나무(어근, 명사) + -꾼(접사)
- 또(어근, 부사) + 다시(어근, 부사)
- 도둑(어근, 명사) + -질(접사)

② '빗나가다'는 파생어, '우리나라, 거짓말, 잘못'은 합성어이다.

- 빗-(접사) + 나가다(어근, 동사)
- 우리(어근, 대명사) + 나라(어근, 명사)
- 거짓(어근, 명사) + 말(어근, 명사)
- 잘(어근, 부사) + 못(어근, 부사)

③ '알몸, 외기러기'는 파생어, '곱슬머리, 빈손'은 합성어이다.

- 곱슬(어근, 명사) + 머리(어근, 명사)
- 빈-(용언의 관형사형) + 손(어근, 명사)
- 알-(접사) + 몸(어근, 명사)
- 외-(접사) + 기러기(어근, 명사)

15

정답 ②

정답 해설

파생어는 '울보, 슬기롭다, 되묻다'로 총 3개이다.

- 기와집: 기와(어근, 명사) + 집(어근, 명사)'이 결합한 합성어
- 울보: '울-(어근, 용언의 어간) + -보(접사)'가 결합한 파생어
- 슬기롭다: '슬기(어근, 명사) + -롭다(접사)'가 결합한 파생어
- 나뭇잎: '나무(어근, 명사) + 잎(어근, 명사)'이 결합한 합성어
- 되묻다: '되-(접사) + 묻다(어근, 동사)'가 결합한 파생어

16

정답 ②

정답 해설

'디딜방아'는 용언 '디디다'에 관형사형 전성 어미 '-ㄹ'이 결합한 '디딜'과 명사 '방아'가 결합한 합성어이고, '볼일'은 용언 '보다'에 관형사형 전성 어미 '-ㄹ'이 결합한 '볼'과 명사 '일'이 결합한 합성어이다.

오답 분석

① '새마을'은 관형사 '새'와 체언(명사) '마을'이 결합한 통사적 합성어이지만, '어깨동무'는 명사 '어깨'와 명사 '동무'가 결합한 통사적 합성어이다.

③ '꿈꾸다'는 '꿈(을) 꾸다'의 구성으로 '목적어 + 서술어'로 이루어진 통사적 합성어이고, '힘들다'는 '힘(이) 들다'의 구성으로 '주어 + 서술어'로 이루어진 통사적 합성어이다.

④ '꺾쇠'는 용언의 어간 '꺾-'에 명사 '쇠'가 결합한 합성어로 '어간 + 명사'로 이루진 비통사적 합성어이고, '높푸르다'는 용언의 어간 '높-'에 용언 '푸르다'가 결합한 합성어로, '어간 + 어간 + 어미'로 이루어진 비통사적 합성어이다.

14 해커스공무원 gosi.Hackers.com | 해커스군무원 army.Hackers.com

17

정답 해설

<보기>는 융합 합성어에 대한 설명이다. '물불'은 명사 '물'과 명사 '불'이 결합한 합성어로, '어려움이나 위험을 비유적으로 이르는 말'로 쓰이고 있다. 따라서 원래 어근이 가지고 있던 의미와는 다른 새로운 의미로 쓰인 융합 합성어에 해당한다.

오답 분석

① '꽃게'는 명사 '꽃'과 명사 '게'가 결합한 종속 합성어이다. '꽃'이 '게'를 수식하는 구성이다.

② '돌다리'는 명사 '돌'과 명사 '다리'가 결합한 종속 합성어이다. '어떠한 다리', 즉 '돌'이 '다리'를 수식하는 구성이다. 한편 '두드리다', '보다', '건너다', '하다'는 모두 단일어이다.

④ '사랑스럽다', '아이들'은 파생어, '보다', '기분', '좋다'는 단일어이다.

18
정답 ②

정답 해설

ⓒ의 '잠'은 부사 '충분히'의 수식을 받고 있으며, '충분히 자다'로 바꾸어 쓸 수 있다. 즉 서술성이 있다. 따라서 '-ㅁ'은 명사형 전성어미이고, '잠'의 품사는 동사이다.

오답 분석

① ⓐ의 '꿈'은 서술성이 없고, '행복한'이라는 관형어의 수식을 받고 있기 때문에 명사이다. 따라서 '꿈'의 '-ㅁ'은 명사 파생 접미사이다.

③ ⓒ의 '죽음'은 서술성이 없고, 목적격 조사 '을'이 결합했기 때문에 명사이다. 따라서 '죽음'의 '-음'은 명사 파생 접미사이다.

④ ⓔ의 '믿음'은 서술성이 없고, 주격 조사 '이'가 결합했기 때문에 명사이다. 따라서 '믿음'의 '-음'은 명사 파생 접미사이다.

19
정답 ②

정답 해설

ⓒ의 '달리기'는 서술성이 없고, 관형어 역할을 하는 '아침'의 수식을 받고 있으므로, 동사 '달리다'의 어간 '달리-'에 명사 파생 접미사 '-기'가 결합된 명사이다.

오답 분석

① ⓐ의 '뛰기'는 서술성이 있어, '가슴이 뛰다'로 바꾸어 쓸 수 있으므로, 이때 '-기'는 접미사가 아닌 명사형 전성 어미이다. ⓒ의 '밝기' 역시 서술성이 있으므로, 이때 '-기'도 명사형 전성 어미이다.

③ ⓒ의 '밝기'는 서술성이 있어, '날이 밝다'로 바꾸어 쓸 수 있으므로, 이때 '-기'는 접미사가 아닌 명사형 전성 어미이다. 따라서 '밝기'의 품사는 동사이다.

④ ⓔ의 '크기'는 서술성이 없으므로, 형용사의 어간 '크-'에 명사 파생 접미사 '-기'가 결합된 명사이다. 따라서 '크기'의 '-기'는 전성 어미가 아닌 접미사이다.

20
정답 ③

정답 해설

'높이'는 어간 '높-'에 접사 '-이'가 결합한 파생어인데, 명사 파생 접미사 '-이'가 쓰인 단어는 명사이므로 격조사가 결합할 수 있으나 부사 파생 접미사 '-이'가 쓰인 단어는 부사이므로 격 조사가 결합할 수 없다. '높이로'에는 부사격 조사 '로'가 결합하였으므로 '높이'의 '-이'는 명사 파생 접사이고 '높이'의 품사는 명사이다.

오답 분석

① '많이'는 어간 '많-'에 부사 파생 접사 '-이'가 결합한 파생어로 품사는 부사이다. 이때 '많이'에는 격 조사가 결합할 수 없다.

② '깊이'는 어간 '깊-'에 부사 파생 접사 '-이'가 결합한 파생어로, 품사는 '파다'를 수식하고 있는 부사이다. 부사 '깊이'에는 격 조사가 결합할 수 없다. 다만, '깊이'는 깊이가 깊다.'에서처럼 명사 파생 접미사 '-이'가 결합하여 명사로 쓰이는 경우도 있다. 이때 명사 '깊이'에는 격 조사 결합할 수 있다.

④ '빨리'는 어간 '빠르-'에 부사 파생 접사 '-이'가 결합한 파생어로 품사는 부사이다. 이때 '빨리'에는 격 조사가 결합할 수 없다.

해커스 신민숙 쉬운국어 빈출 어법 200제 실전편

p. 24

01	02	03	04	05
①	④	①	②	③
06	**07**	**08**		
③	③	②		

01

정답 ①

정답 해설

〈보기〉로 보아 밑줄 친 '후자의 예'는 특정한 뜻을 더하는 접사가 어근 앞에 붙어 새말을 만드는 것을 가리키며, 이는 단어의 형성 유형(방법) 중 접두사가 결합하여 파생어가 되는 것을 말한다. 따라서 '심하게'라는 뜻을 더하는 접두사 '강-'에, 어근 '마르다'가 붙어 파생어 '강마르다'가 되었다고 설명한 ①은 밑줄 친 '후자의 예'로 적절하다. '강마르다'의 뜻은 '물기가 없이 바싹 메마르다'이다.

오답 분석

② 관형사 '첫'에 명사 '눈'이 결합하여 만들어진 '첫눈'은 실질적인 의미를 갖는 어근들끼리 결합한 합성어이므로 〈보기〉에서 말하는 '후자의 예'가 아니라 '전자의 예'에 해당한다.

③ 관형사 '새'에 명사 '해'가 결합하여 만들어진 '새해'는 실질적인 의미를 갖는 어근들끼리 결합한 합성어이므로 〈보기〉에서 말하는 '후자의 예'가 아니라 '전자의 예'에 해당한다

④ 용언 '얕다'의 어간 '얕-'에 용언 '보다'가 결합하여 만들어진 '얕보다'는 실질적인 의미를 갖는 어근들끼리 결합한 합성어이므로 〈보기〉에서 말하는 '후자의 예'가 아니라 '전자의 예'에 해당한다.

02

정답 ④

정답 해설

ⓔ '알부자'의 '알-'은 '진짜, 알짜'의 뜻을 더하는 접두사이고 '부자'는 명사이므로, '알부자'는 어근과 어근이 결합한 합성어가 아니라 접사와 어근이 결합한 파생어이다.

오답 분석

① ⓐ '슬픔'은 형용사 '슬프다'의 어근 '슬프-'에 명사 파생 접미사 '-ㅁ'가 결합하여 파생어가 되면서 품사가 형용사에서 명사로 바뀌었다.

② '휘-'는 '마구' 또는 '매우 심하게'의 뜻을 더하는 접두사이고 ⓒ '휘감았다'는 접두사 '휘-'에 용언 '감다'가 결합한 파생어이다. 따라서 ⓒ은 접두사와 어근이 결합한 파생어에 해당한다.

③ ⓒ '새해'는 관형사 '새'에 명사 '해'가 결합하였으므로 어근과 어근의 결합한 합성어이며, '관형사 + 명사'라는 우리말의 일반적인 배열법과 일치하므로 통사적 합성어에 해당한다.

03

정답 ①

정답 해설

〈보기〉에 제시된 '개살구'는 접사 '개-'와 어근(명사) '살구'가, '헛웃음'은 접사 '헛-'과 어근(명사) '웃음'이, '낚시질'은 어근(명사) '낚시'와 접사 '-질'이, '지우개'는 어근(용언의 어간) '지우-'에 접사 '-개'가 결합한 파생어이다. ①의 '건어물'도 '마른' 또는 '말린'의 뜻을 더하는 접사 '건-'과 어근(명사) '어물'이 결합한 파생어로 〈보기〉의 제시된 단어들과 형성 원리가 같다. 그런데 ②, ③, ④는 모두 어근과 어근이 결합한 합성어이다.

오답 분석

② '금지곡'은 어근(명사) '금지'와 어근(명사) '곡'이 결합한 합성어이다.

③ '한자음'은 어근(명사) '한자'와 어근(명사) '음'이 결합한 합성어이다.

④ '핵폭발'은 어근(명사) '핵'과 어근(명사) '폭발'이 결합한 합성어이다.

04

정답 ②

정답 해설

'회덮밥'은 어근(명사) '회'와 어근(명사) '덮밥'이 결합하여 이루어진 합성어이고, 이때 '덮밥'도 용언 '덮다'의 어간 '덮-'과 명사 '밥'이 결합한 '용언의 어간(어근) + 어근' 구조의 합성어이므로 '덮밥'을 파생어라고 한 설명은 적절하지 않다.

오답 분석

① '바다'는 하나의 형태소로 이루어진 명사로 어근은 '바다' 하나이고, '맑다'는 어간 '맑-'과 어미 '-다'의 두 개의 형태소로 이루어진 용언이지만 어근은 '맑-' 하나이다. 따라서 두 단어 모두 어근이 하나인 단일어이다.

③ '곁눈질'은 어근(명사) '곁눈'에 '신체 부위를 활용한 어떤 행동'을 뜻하는 접미사 '-질'이 결합한 것이므로 '어근 + 접사' 구조의 파생어이다. 그리고 '곁눈'은 어근(명사) '곁'에 어근(명사) '눈'이 결합한 합성어이다.

④ '웃음'은 어근(용언 '웃다'의 어간) '웃-'에 명사 파생 접미사 '-음'이 결합한 파생어이다.

05

정답 ③

정답 해설

'살짝곰보'는 부사 '살짝'과 명사 '곰보'가 결합된 합성어로, 이는 우리말 문장 구조에 맞지 않는 비통사적 합성어이다. 즉 '살짝곰보'는 '부사 + 명사' 구조의 비통사적 합성어이다. ③ '딱딱새'도 부사 '딱딱'과 명사 '새'가 결합된 합성어로, '부사 + 명사' 구조의 비통사적 합성어에 해당한다.

오답 분석

① '덮밥'은 용언의 어간 '덮-'과 명사 '밥'이 결합된 합성어로, 용언의 어간이 어미 없이 바로 어근인 명사와 결합한, 즉 '용언의 어간 + 어근(명사)' 구조의 비통사적 합성어이다.

② '얼룩소'는 명사 '얼룩'과 명사 '소'가 결합한 합성어로, '명사 + 명사' 구조의 통사적 합성어이다.

④ '섞어찌개'는 용언의 활용형 '섞어'와 체언(명사) '찌개'가 결합한 합성어로, 이때 '섞어'는 '섞-(용언의 어간) + -어(연결 어미)'로 분석된다. 이처럼 용언의 어간과 어근(명사)이 연결 어미를 사이에 두고 이어지는 것은 우리말 문장 구조에 맞지 않기 때문에 비통사적 합성어이다. 즉 '연결 어미가 사용된 용언의 활용형 + 명사' 구조의 비통사적 합성어이다.

06

정답 해설

'강기침'은 '마른기침'을 일상적으로 이르는 단어로, 이때 접두사 '강-'은 '마른' 또는 '물기가 없는'의 뜻을 더하는 고유어이다. 따라서 ③은 접두사가 한자에서 온 말에 해당하지 않는다.

오답 분석

① '강염기(强鹽基)'는 '수용액에서 수산화 이온과 양이온으로 완전히 해리되는 염기'를 뜻하는 단어로, 용액 중에서 OH⁻를 방출하거나 H⁺를 받는 성질이 강한 것을 말한다. 이때 접두사 '강-(强-)'은 '매우 센', 또는 '호된'의 뜻을 더하는 한자로 된 접두사이다.

② '강타자(强打者)'는 '야구에서, 타격이 강한 타자'를 뜻하는 단어로, 이때 접두사 '강-(强-)'은 '매우 센', 또는 '호된'의 뜻을 더하는 한자로 된 접두사이다.

④ '강행군(强行軍)'은 '어떤 일을 짧은 시간 안에 끝내려고 무리하게 함'을 뜻하는 단어로, 이때 접두사 '강-(强-)'은 '매우 센', 또는 '호된'의 뜻을 더하는 한자로 된 접두사이다.

07

정답 해설

'부슬비'는 용언의 어근인 '부슬'과 명사 '비'가 결합한 합성어로, '용언의 어근 + 명사' 구조의 비통사적 합성어이다. 그리고 '굶주리다'는 용언 '굶다'의 어간 '굶-'에 용언 '주리다'가 연결 어미 없이 결합한 합성어로, '용언의 어간 + 용언(어근)' 구조의 비통사적 합성어이다. 또한 '늦더위'는 용언 '늦다'의 어간 '늦-'이 어미 없이 명사 '더위'와 결합한 비통사적 합성어이다.

오답 분석

① '힘들다'는 주어 '힘(이)'과 서술어 '들다'가 결합한 합성어로, '주어 + 서술어' 구조의 통사적 합성어이다. 이때 국어에서 조사는 생략이 가능하므로 조사가 생략되어도 국어 문장 구조에 어긋나지 않는다고 본다. 그리고 '작은집'은 용언의 관형사형 '작은'과 명사 '집'이 결합한 합성어로, '용언의 관형사형 + 명사' 구조의 통사적 합성어이다. 또한 '돌아가다'도 용언 '돌다'에 연결 어미 '-아'가 붙어 용언 '가다'와 결합한 합성어로, '용언의 어간 + 연결 어미 + 용언' 구조의 통사적 합성어이다.

② '검붉다'는 용언 '검다'의 어간 '검-'에 용언 '붉다'가 연결 어미 없이 결합한 합성어로, '용언의 어간 + 용언(어근)' 구조의 비통사적 합성어이다. 그리고 '굳세다'도 용언 '굳다'의 어간 '굳-'에 용언 '세다'가 연결 어미 없이 결합한 합성어로, '용언의 어간 + 용언(어근)' 구조의 비통사적 합성어이다. 그런데 '밤낮'은 명사 '밤'과 명사 '낮'이 결합한 합성어로, '명사 + 명사' 구조의 통사적 합성어이다.

④ '빛나다'는 주어 '빛(이)'과 서술어 '나다'가 결합한 합성어로, '주어 + 서술어' 구조의 통사적 합성어이다. 한편, '보살피다'는 용언 '보다'의 어간 '보-'에 용언 '살피다'가 연결 어미 없이 결합한 합성어로, '용언의 어간 + 용언(어근)' 구조의 비통사적 합성어이고, '오르내리다'도 용언 '오르다'의 어간 '오르-'에 용언 '내리다'가 연결 어미 없이 결합한 합성어로, '용언의 어간 + 용언(어근)' 구조의 비통사적 합성어이다.

08

정답 해설

'새해(a)'는 관형사 '새'와 명사 '해'가 결합한 합성어로, '관형사 + 명사' 구조의 통사적 합성어이다. 그리고 '힘들다(b)'는 주어 '힘(이)'와 서술어 '들다'가 결합한 합성어로, '주어 + 서술어' 구조의 통사적 합성어이다. 또한 '돌아가다(e)'는 용언 '돌다'에 연결 어미 '-아'가 붙어 용언 '가다'와 결합한 합성어로, '용언의 어간 + 연결 어미 + 용언' 구조의 통사적 합성어이다. 반면에 '접칼(c)'은 용언 '접다'의 어간 '접-'에 관형사형 어미 없이 명사 '칼'과 결합한 합성어로, '용언의 어간 + 명사(어근)' 구조의 비통사적 합성어이고, '부슬비'는 용언의 어근인 '부슬'과 명사 '비'가 결합한 합성어로, '용언의 어근 + 명사' 구조의 비통사적 합성어이다. 마지막으로 '오르내리다'도 용언 '오르다'의 어간 '오르-'에 용언 '내리다'가 연결 어미 없이 결합한 합성어로, '용언의 어간 + 용언(어근)' 구조의 비통사적 합성어이다. 따라서 ㉠ '통사적 합성어'는 'a. 새해, b. 힘들다, e. 돌아가다'이고, ㉡ '비통사적 합성어'는 'c. 접칼, d. 부슬비, f. 오르내리다'이다.

적중 예상문제
p. 26

01	02	03	04	05
③	①	②	④	③
06	**07**	**08**	**09**	**10**
③	④	②	①	②
11	**12**	**13**	**14**	**15**
④	③	③	③	③
16	**17**	**18**	**19**	**20**
④	③	④	②	②

01
정답 ③

정답 해설

'맑군 그래'의 '그래'는 어미 뒤에 사용된 조사로, 한글 맞춤법 제41항에 따라 조사와 어미를 붙여서 사용해야 한다. 따라서 '강물의 색이 참 맑군그래.'가 올바른 맞춤법이 적용된 문장이다.

오답 분석

① 조사는 그 앞말에 붙여 써야 하므로, '어른부터'와 '아이까지'는 각각 조사 '부터'와 '까지'가 앞말에 붙어서 올바르게 사용되었다.

② 조사는 그 앞말에 붙여 써야 하므로, '놀라기보다는'은 조사 '보다'가 앞말에 붙어서 올바르게 사용되었다.

④ '지금만이라도'는 조사가 둘 이상 연속된 경우인데, 이때도 조사는 앞말에 붙여 씀을 원칙으로 한다. '지금만이라도'는 조사 '만'과 '이라도'가 앞말에 붙어서 올바르게 사용되었다.

02
정답 ①

정답 해설

'지'가 '어떤 일이 있었던 때로부터 지금까지의 동안'을 나타낼 때는 의존 명사이므로 띄어 써야 한다. 따라서 '떠난'과 '지'를 띄어서 '그가 나를 떠난 지 오래다.'라고 사용하는 것이 적절하다.

오답 분석

② '사람'을 뜻하는 '이'는 용언의 관형사형 뒤에 나타나는 의존 명사이므로 앞말과 띄어서 사용한다. 따라서 이는 적절한 띄어쓰기가 적용된 문장이다.

③ '생각한 대로'의 '대로'는 용언의 관형사형 뒤에 나타나는 의존 명사로 앞말과 띄어 쓴다.

④ '약속대로'의 '대로'는 '그와 같이'라는 뜻을 나타내는 조사이므로 앞말과 붙여 쓴다.

03
정답 ②

정답 해설

'웃을뿐이다'의 '뿐'은 용언의 관형사형 뒤에 나타나는 의존 명사로 띄어 쓰는 것이 원칙이다. 따라서 '웃을 뿐이다'라고 쓰는 것이 적절하다.

오답 분석

① '여자뿐이다'의 '뿐'은 체언 뒤에서 한정의 뜻을 나타내는 조사로 앞말과 붙여 쓴다.

③ '사진뿐이다'의 '뿐'은 체언 뒤에서 한정의 뜻을 나타내는 조사로 앞말과 붙여 쓴다.

④ '넷뿐이다'의 '뿐'은 체언 뒤에서 한정의 뜻을 나타내는 조사로 앞말과 붙여 쓴다.

04
정답 ④

정답 해설

'가던차에'의 '차'는 '어떠한 일을 하던 기회나 순간'이라는 뜻으로 용언의 관형사형 뒤에 나타나는 의존 명사이므로 앞말과 띄어 써야 한다. 따라서 '출장을 가던 차에 가고 싶은 빵집에 들렀다.'가 적절한 띄어쓰기가 적용된 문장이다.

오답 분석

① '인사차'의 '차'는 명사 뒤에 붙어 목적의 뜻을 더하는 접미사로 붙여 쓴다.

② '사업차'의 '차'는 명사 뒤에 붙어 목적의 뜻을 더하는 접미사로 붙여 쓴다.

③ '접으려던 차'의 '차'는 '어떠한 일을 하던 기회나 순간'이라는 뜻으로, 용언의 관형사형 뒤에 나타나는 의존 명사이므로 앞말과 띄어 쓴다.

05
정답 ③

정답 해설

'세 판만'의 '판'은 수 관형사 뒤에서 승부를 겨루는 일을 세는 단위를 나타내는 의존 명사이므로 띄어 쓴다. 또한 '만'이 제한이나 한정의 의미를 나타낼 때는 조사이므로 붙여 쓴다. 따라서 '게임을 세 판만 더 하고 끝낼게요.'는 적절한 띄어쓰기가 적용된 문장이다.

오답 분석

① '판다 만큼'의 '만큼'은 체언 뒤에서 '앞말과 비슷한 정도'를 나타내는 단어로 조사이므로 앞말과 붙여 써야 한다. 따라서 '판다만큼'으로 쓰는 것이 적절하다.

② '육 개월만에'의 '만'은 시간의 경과나 횟수를 나타내고 있는 의존 명사이므로 앞말과 띄어 쓴다. 따라서 '육 개월 만에'로 쓰는 것이 적절하다.

④ '맞는 말인 지'의 '지'는 어미 '-ㄴ지'의 일부이므로 앞말과 붙여 써야 한다. 따라서 '맞는 말인지'로 쓰는 것이 적절하다.

06
정답 ③

정답 해설

'제1연구실'에서 '제'가 생략된 경우에도 '1 연구실'이라고 띄어 쓰거나 앞말과 붙여 쓰는 것이 허용된다. '삼 층'의 경우에도 띄어 쓰는 것과 붙여 쓰는 것 둘 다 허용되므로 해당 문장은 적절한 띄어쓰기가 적용된 문장이다.

오답 분석

① 단위를 나타내는 명사는 띄어 쓰는 것이 원칙이나 숫자와 어울리어 쓰이는 경우에는 붙여 쓸 수 있다. 따라서 모두 띄어 쓴 '세 시 오십 분'이나, 모두 붙여 쓴 '세시 오십분'이라고 쓰는 것이 적절하다.

② 수 관형사 뒤에 단위 명사가 붙어서 차례를 나타내는 경우 앞말과 붙여 쓸 수 있다. 또한 '제(第)'는 '그 숫자에 해당되는 차례'의 뜻을 더하는 접두사이므로 뒷말에 붙여 써야 한다. 따라서 '이것은 제7절 40항에 명시된 규칙이다.'라고 쓰는 것이 적절하다.

④ 수를 적을 때에는 만 단위로 띄어 쓰므로, '오십 팔 회'는 '오십팔 회'로 쓰는 것이 적절하다. 이때 차례를 나타내는 '회'는 앞말과 붙여 쓸 수 있으므로 '오십팔 회' 또는 '오십팔회'로 모두 쓸 수 있다.

07 정답 ④

정답 해설

두 말을 이어 주거나 열거할 때 사용되는 '등등'은 띄어 쓴다. 따라서 '수박, 배, 귤 등등'이라고 띄어 써야 한다.

오답 분석

① '겸'은 명사와 명사 사이에서 사용되는 의존 명사이므로 단어와 단어 사이를 띄어 쓴다. 따라서 '체육관 겸 교실'로 쓰는 것이 적절하다.

② '내지'는 수량을 나타내는 말 사이에 쓰이는 부사이므로 띄어 쓴다. 또한 '명'은 사람을 셀 때 사용하는 단위 명사이므로 띄어 쓴다. 따라서 '스무 명 내지 서른 명'으로 쓰는 것이 적절하다.

③ '대'는 사물과 사물 간의 대비나 대립을 나타내는 의존 명사이므로 띄어 쓴다. 따라서 '100 대 0'으로 쓰는 것이 적절하다.

08 정답 ②

정답 해설

'안돼'는 '돼'의 반의어로, '안'은 뒷말에 있는 '돼'를 꾸며 주므로 '안돼'는 '안 돼'로 띄어 써야 한다.

오답 분석

① 단위를 나타내는 명사는 띄어 쓰는 것이 원칙이다. 따라서 단위 명사 '자루'와 '한'을 띄어 쓴 '연필 한 자루'는 적절한 띄어쓰기가 적용된 문장이다.

③ 보조용언인 '척한다'는 앞말과 띄어 씀을 원칙으로 하고 붙여 씀도 허용한다. 따라서 '아는 척한다'는 적절한 띄어쓰기가 적용된 문장이다.

④ '겸'은 '두 가지 이상의 동작이나 행위를 아울러 함'을 뜻하는 의존 명사이므로 앞말과 띄어 쓴다. 따라서 '장도 볼 겸'으로 띄어 쓰는 것이 적절하다.

09 정답 ①

정답 해설

조사는 앞말에 붙여 쓰는 것이 원칙이므로 조사 '을', '라도'가 각각 앞말에 잘 붙어있다. 따라서 '여행을 가더라도 너무 멀리 가지 마.'는 띄어쓰기가 적절하게 적용된 문장이다.

오답 분석

② 조사는 그 앞말과 붙여 써야 하고 둘 이상 연속할 때도 그 앞말에 붙여 쓰는 것이 원칙이다. 따라서 조사 '부터'와 '까지'는 붙여 쓰고 '도'도 붙여 써야 하므로 '어른부터 아이까지도 모두가 좋아할 맛이다.'라고 쓰는 것이 적절한 표현이다.

③ '여기서 부터입니다'는 조사 '서', '부터'의 연속으로 구성되었으므로 띄어 쓰지 않는 것이 적절하다. 따라서 '금지 구역은 여기서부터입니다.'가 적절한 표현이다.

④ 사람을 뜻하는 '이'는 용언의 관형사형 뒤에 나타나는 의존 명사로 앞말과 띄어 쓰는 것이 원칙이다. 따라서 '길을 가다가 익숙한 이를 만났다.'가 적절한 표현이다.

10 정답 ②

정답 해설

단어별로 띄어 써야 하는 원칙에 따라 과도하게 단음절의 단어를 붙여 쓰는 것은 허용되지 않는다. 따라서 '내것네것'은 '내것 네것'으로 띄어 쓰는 게 적절한 표현이다.

오답 분석

① 단음절로 된 단어가 여럿이 연속해서 나올 때는 띄어 쓰는 것이 원칙이므로 '물 한 병'은 올바른 띄어쓰기가 적용된 표현이다.

③ 단음절로 된 단어가 여럿이 연속해서 나올 때는 띄어 쓰는 것이 원칙이므로 '잘 안 와'는 올바른 띄어쓰기가 적용된 표현이다.

④ 단음절로 된 단어가 연속해서 나올 때는 적절히 붙여 쓸 수 있으므로 '좀 더 큰 것'은 '좀더 큰것'으로 붙여 쓸 수 있다.

11 정답 ④

정답 해설

'무의식 중'은 하나의 단어이므로 띄어쓰기 없이 '무의식중'이라고 사용하는 것이 적절하다. 따라서 '자꾸만 무의식중에 다리를 떤다.'가 올바른 띄어쓰기이다.

오답 분석

① '한밤중'은 하나의 단어로 사용되므로 띄어쓰기 없이 사용하는 것이 적절하다.

② '은연중'은 하나의 단어로 사용되므로 띄어쓰기 없이 사용하는 것이 적절하다.

③ '휴가 중'에서 '중'은 '무엇을 하는 동안'의 뜻으로 쓰인 의존 명사이므로, 앞말과 띄어 쓰는 것이 원칙이다. 따라서 '휴가 중'은 적절한 표현이다.

12 정답 ③

정답 해설

호나 자 등이 성명 앞에 놓이는 경우에는 띄어 쓴다. 따라서 호 '백범'을 성명 '김구' 앞에 띄어 쓴 '백범 김구'는 적절한 띄어쓰기 방식이 적용된 표현이다.

오답 분석

① 덧붙는 관직명의 경우 띄어 쓰는 것이 원칙이다. 따라서 관직명에 해당하는 '장군'은 띄어 써야 하므로 '이것은 충무공 이순신 장군의 일기장이다.'라고 쓰는 것이 적절하다.

② 성이나 이름 뒤에 붙는 호칭어나 관직명은 고유 명사와 별개로 띄어 쓴다. 따라서 관직명에 해당하는 '교수'는 띄어 써야 하므로 '박 교수는 고지식한 측면이 있다.'라고 쓰는 것이 적절하다.

④ 성이나 이름 뒤에 붙는 호칭어는 앞말과 띄어 쓴다. 따라서 호칭어에 해당하는 '양'은 띄어 써야 하므로 '그 일의 담당자는 김 양이다.'라고 쓰는 것이 적절하다.

13 정답 ③

정답 해설

- 다: 한∨번(x) → 한번(○): 어떤 일을 시험 삼아 시도함을 나타내는 '한번'은 한 단어로 굳어진 부사이므로 붙여 써야 한다. 따라서 의존 명사이기 때문에 띄어 쓴다는 설명은 옳지 않다.
- 라: 전주∨이∨씨(x) → 전주∨이씨(○): '-씨'는 그 성씨의 가문이나 문중의 뜻을 더하는 접사이기 때문에 앞말에 붙여 써야 한다. 따라서 의존 명사이기 때문에 앞말과 띄어 쓴다는 설명은 옳지 않다.

> **참고**
> - 씨: 「접미사」 (인명에서 성을 나타내는 명사 뒤에 붙어) '그 성씨 자체', '그 성씨의 가문이나 문중'의 뜻을 더하는 접미사
>   예 최씨 문중 / 희빈 장씨
> - 씨: 「의존 명사」 (성년이 된 사람의 성이나 성명, 이름 아래에 쓰여) 그 사람을 높이거나 대접하여 부르거나 이르는 말. 공식적·사무적인 자리나 다수의 독자를 대상으로 하는 글에서가 아닌 한 윗사람에게는 쓰기 어려운 말로, 대체로 동료나 아랫사람에게 쓴다.
>   예 김철수 씨

오답 분석

- 가: 수업∨중(○): 이때의 '중'은 '어떤 상태에 있는 동안'을 의미하는 의존 명사이기 때문에 앞말과 띄어 써야 한다.
- 나: 김철수∨님(○): 호칭어에서 사용되는 '님'은 그 사람을 높여 이르는 말로 의존 명사이기 때문에 앞말과 띄어 써야 한다.

> **참고**
> -님(접미사)의 경우는 아래와 같다.
> 1. (직위나 신분을 나타내는 일부 명사 뒤에 붙어) '높임'의 뜻을 더하는 접미사
>   예 사장님
> 2. (사람이 아닌 일부 명사 뒤에 붙어) '그 대상을 인격화하여 높임'의 뜻을 더하는 접미사
>   예 달님
> 3. (옛 성인이나 신격화된 인물의 이름 뒤에 붙어) 그 대상을 높이고 존경의 뜻을 더하는 접미사
>   예 공자님

14 정답 ③

정답 해설

며칠∨전쯤(○): '알맞은 한도, 그만큼가량'을 더하는 의미의 '쯤'은 접미사로 앞말과 붙여 써야 한다.

오답 분석

① 한∨겨울에도(x) → 한겨울에도(○): '추위가 한창인 겨울'이라는 뜻의 '한겨울'은 접사 '한-'이 결합하여 만들어진 파생어이므로 붙여 써야 한다. '에'와 '도'는 모두 조사이므로 앞말에 붙여 쓴다.

② 연수∨차(x) → 연수차(○): '목적'의 뜻을 더하는 '-차'는 접사이므로 앞말에 붙여 쓴다.

④ 사라진걸(x) → 사라진∨걸(○): '걸'은 의존 명사 '것'에 조사 '을'이 결합한 '것을'의 구어체이므로, 앞말과 띄어 써야 한다.

15 정답 ③

정답 해설

단위를 나타내는 명사는 띄어 써야 하므로, 나이를 세는 단위인 '살'은 앞말과 띄어 '세 살로' 쓰는 것이 적절하다. 또한 전문 용어는 단어별로 띄어 씀을 원칙으로 하지만 붙여 쓸 수도 있으므로 '만성골수성백혈병'은 띄어쓰기가 적절하게 적용되었다.

오답 분석

① 조사는 그 앞말에 붙여 쓰는 것이 원칙이다. 따라서 조사 '처럼'은 앞말에 붙여 써야 하므로 '문 앞의 장식이 꽃처럼 아름다워 보인다.'가 적절한 띄어쓰기가 적용된 문장이다.

② 단위를 나타내는 명사는 띄어 쓰는 것이 원칙이다. 따라서 단위 명사 '채'는 띄어 써야 하므로 '나이 서른에 집 세 채를 구매하였다.'가 적절한 띄어쓰기가 적용된 문장이다.

④ 단위를 나타내는 명사는 띄어 쓰는 것이 원칙이다. 따라서 단위 명사 '점'은 띄어 써야 하므로 '구름 한 점 없는 하늘이지만 오후엔 비가 올 듯하다.'가 적절한 띄어쓰기 표현이다.

16 정답 ④

정답 해설

'하는대로'의 '대로'는 '어떤 모양이나 상태와 같이'를 뜻하는 '의존 명사'이다. 이때 의존 명사는 앞말과 띄어 쓴다. 따라서 '하는대로'가 아닌 '하는 대로'가 적절한 띄어쓰기 표기이다.

오답 분석

① '너만큼은'의 '만큼'은 '앞말과 비슷한 정도나 한도'임을 나타내는 조사로 쓰였다. 이때 조사는 앞말에 붙여서 사용하는 것이 원칙이므로 '너만큼은'이 적절한 띄어쓰기 표기이다.

② '할 만큼'의 '만큼'은 '앞의 내용에 상당한 수량이나 정도'임을 나타내는 의존 명사로 쓰였다. 이때 의존 명사는 앞말과 띄어 쓰는 것이 원칙이므로 '할 만큼'은 적절한 띄어쓰기 표기이다.

③ '너대로'의 '대로'는 '따로따로 구별됨'을 나타내는 보조사이다. 이때 조사는 앞말에 붙여서 사용하는 것이 원칙이므로 '너대로'가 적절한 띄어쓰기 표기이다.

17 정답 ③

정답 해설

사업 차(x) → 사업차(○): '목적'의 뜻을 더하는 '-차'는 접사이므로 앞말에 붙여 써야 한다.

오답 분석

① 가려던∨차(○): '어떤 일을 하던 기회나 순간.'이라는 뜻의 '차'는 의존 명사이므로 앞말과 띄어 써야 한다.

② 3년∨차(○): 주기나 경과의 해당 시기를 나타내는 '차'는 의존 명사이므로 앞말과 띄어 써야 한다.

④ 제20∨차(원칙)/제20차(허용)(○): 차례를 나타내는 '차'는 의존 명사이므로 앞말과 띄어 써야 하지만, 숫자와 어울려 적은 경우에는 '제20차'로 붙여 쓰는 것도 허용된다.

18
정답 ④

정답 해설
'못되다'는 '일이 뜻대로 되지 않은 상태에 있다.'는 뜻으로 한 단어이기 때문에 붙여 쓰는 것이 원칙이다. 따라서 '이 일이 못된 것은 당연하다.'가 적절한 띄어쓰기 표현이다.

오답 분석
① '못된'은 '성질이나 품행이 좋지 않거나 고약하다.'라는 뜻을 가진 단어이므로 띄어쓰기 없이 사용하는 것이 적절하다.
② '못'은 '되다'의 반의어로, '동사가 나타내는 동작을 할 수 없다거나 상태가 이루어지지 않았다는 부정의 뜻'을 가진 부사이다. 따라서 각 단어는 띄어 써야 하는 것이 원칙이므로 '못 되다'는 적절한 띄어쓰기 표현이다.
③ '안되어도'는 '잘 되다'의 반의어로, '일정한 수준에 이르지 못하다.'의 의미를 가진 단어이다. 따라서 띄어쓰기 없이 '안되어도'라고 쓰는 것이 적절하다.

19
정답 ②

정답 해설
'웬만하면'은 관형사가 아닌 하나의 단어로 쓰이기 때문에 띄어쓰기 없이 '웬만하면'이라고 쓰는 것이 적절하다. 따라서 이는 적절한 띄어쓰기가 적용된 문장이다.

오답 분석
① 각 단어들은 모두 띄어 쓰는 것이 원칙이다. 이때 단위를 나타내는 명사는 띄어 써야 하므로 '세 시간'이라고 쓰는 것이 적절하다.
③ 단위를 나타내는 명사 '마리'는 띄어 쓰는 것이 원칙이므로 '나는 강아지 한 마리와 고양이 두 마리를 키운다.'라고 쓰는 것이 적절하다.
④ 용언의 관형사형 뒤에 쓰이는 '체'는 의존 명사이므로 앞말과 띄어 쓰는 것이 원칙이다. 따라서 '자꾸만 그는 잘난 체를 한다.'가 적절한 표현이다.

20
정답 ②

정답 해설
'송이'는 단위를 나타내는 명사이므로 띄어 쓴다. 따라서 '꽃 한 송이'라고 쓰는 것이 적절하다.

오답 분석
① 숫자와 어울리어 쓰는 단어는 띄어 쓰지 않고 붙여 쓰는 것이 가능하다. 따라서 '지금 시간은 두시 삼십분이다.'라고 쓰는 것은 적절하다.
③ '대국민 담화'에서의 '대'는 접두사이므로 붙여 쓰는 것이 적절하다. 따라서 '잠시 후 대국민 담화가 방송될 예정이다.'라고 쓰는 것은 적절하다.
④ '5 대 3으로'에서의 '대'는 대비와 대립을 나타내는 의존 명사이므로 앞말과 띄어 쓴다. 따라서 '결과적으로 5 대 3으로 우리 팀이 이겼다.'라고 쓰는 것은 적절하다.

 p. 30

01	02	03	04	05
②	①	③	②	①
06	**07**	**08**		
③	②	④		

01
정답 ②

정답 해설
옛∨책을(○): '옛'은 '지나간 때의'를 뜻하는 관형사로, 명사 '책'을 수식하고 있다. 따라서 관형사인 '옛'과 명사인 '책'은 띄어 써야 한다.

오답 분석
① 그∨중에(×) → 그중에(○): '그중'은 한 단어로, '범위가 정해진 여럿 가운데'를 뜻한다. 따라서 붙여 써야 한다.
③ 한∨번(×) → 한번(○): '한번'이 한 차례가 아닌 '기회 있는 어떤 때에'를 뜻할 때는 한 단어이므로 붙여 써야 한다.
④ 굴∨속으로(×) → 굴속으로(○): '굴의 안'을 뜻하는 '굴속'은 한 단어이므로 붙여 써야 한다.

02
정답 ①

정답 해설
• 열∨길, 한∨길(○): 길이의 단위를 나타내는 '길'은 의존 명사이고, '길' 앞에 온 수 '열'과 '한'은 의존 명사 '길'을 수식하는 수 관형사이다. 따라서 '열∨길', '한∨길'로 띄어 써야 한다.
• 물속(○): '물의 가운데'를 뜻하는 '물속'은 한 단어이므로 붙여 써야 한다.

오답 분석
② 데칸∨고원(×) → 데칸고원(○): '데칸고원'은 인도의 남부에 있는 고원의 이름으로, 하나의 단어로 굳어진 지명은 붙여 쓴다.
③ 전봇대∨만큼(×) → 전봇대만큼(○): '만큼'은 체언 뒤에 붙어 앞말과 비슷한 정도나 한도임을 나타내는 격 조사이다. 따라서 '전봇대'에 붙여 쓴다.
④ 주머니만들기(×) → 주머니∨만들기(○): '주머니'는 명사이며, '만들기'는 용언 '만들다'의 명사형이다. 각각의 단어이므로 서로 띄어 써야 한다.

03

정답 해설
- 안∨되어도(×) → 안되어도(○): '일정한 수준이나 정도에 이르지 못하다'를 뜻하는 '안되다'는 붙여 써야 한다.
- 세∨명(○): '명'은 단위를 나타내는 의존 명사이고, '세'는 수 관형사이므로 서로 띄어 써야 한다.
- 합격할∨듯하다(○): 앞말이 뜻하는 사건이나 상태 따위를 짐작하거나 추측함을 나타내는 말인 '듯하다'는 보조 형용사이므로, 본용언인 '합격할'과 띄어 써야 한다.

오답 분석
① 물어도∨보았다(○): '물어보다'는 한 단어이지만, 단어의 중간에 보조사 '도'가 들어가 있으므로, '보았다'를 보조 용언으로 보아 띄어 써야 한다.
② 매일같이(○): '매일'처럼 때를 나타내는 일부 명사 뒤에 붙은 '같이'는 앞말이 나타내는 그때를 강조하는 격 조사이므로, 앞말과 붙여 쓴다.
- 김∨선생(○): 성이나 이름 뒤에 붙는 '선생'은 호칭어이므로, 성인 '김'과 띄어 써야 한다.
- 그만두었다(○): '하던 일을 그치고 안 하다'라는 뜻의 '그만두다'는 한 단어로 굳어진 말이므로 붙여 쓴다.
④ 지난주(○): '이 주의 바로 앞 주'라는 뜻의 '지난주'는 한 단어로 굳어진 말이므로 붙여 쓴다.
- 해결해야∨할지(○): '할지'는 '하다'의 어간 '하-'에 어미 '-ㄹ지'가 결합한 말이므로 '할지'로 붙여 쓴다.

04

정답 해설
- 김∨양(○): 성이나 이름 뒤에 붙은 '양'은 아랫사람을 이르는 호칭어이므로 앞말과 띄어 써야 한다.
- 안동∨권씨(○): '그 성씨 자체', '그 성씨의 가문이나 문중'을 뜻하는 '-씨'는 접미사이므로 앞말과 붙여 쓴다.

오답 분석
① 부모와∨자식간에도(×) → 부모와∨자식∨간에도(○): '관계'의 뜻을 나타내는 '간'은 의존 명사이고, '자식간'은 한 단어로 굳어진 말이 아니므로 띄어 써야 한다.
③ 이∨충무공(×) → 이충무공(○): '충무공'은 이순신의 시호이므로, 성을 가리키는 앞말 '이'와 붙여 쓴다. '이충무공'은 이순신 장군을 가리키는 말로, 한 단어로 굳어진 말이다.
- 500돌(○): '특정한 날이 해마다 돌아올 때, 그 횟수를 세는 단위'인 '돌'은 의존 명사이므로, 앞말과 띄어 써야하지만 앞말이 아라비아 숫자인 경우에는 붙여 쓰는 것을 허용한다.
④ 카리브∨해(×) → 카리브해(○): '카리브해'는 '남북아메리카 대륙, 서인도 제도, 대서양 따위에 둘러싸인 바다'를 가리키는 말로 '해, 섬, 강, 산' 등의 말이 외래어 뒤에 결합할 때는 앞말에 붙여 쓴다.

05

정답 해설
- ㉠ 도착하는∨대로(○): '도착하는 대로'에서 '대로'는 '어떤 상태나 행동이 나타나는 그 즉시'라는 뜻의 의존 명사이므로 앞말과 띄어 써야 한다.
- ㉣ 이것뿐이다(○): '이것뿐이다'에서 '뿐'은 '그것만이고 더는 없음'을 나타내는 보조사이므로 앞말 '이것'에 붙여 쓴다.

오답 분석
㉡ 말씀∨대로(×) → 말씀대로(○): '말씀대로'에서 '대로'는 '앞에 오는 말에 근거하거나 달라짐이 없음'을 나타내는 보조사이므로 앞말에 붙여 쓴다.
㉢ 느낀대로(×) → 느낀∨대로(○): '느낀 대로'에서 '대로'는 '어떤 모양이나 상태와 같이'라는 뜻의 의존 명사이므로 앞말과 띄어 써야 한다.
㉤ 들었을뿐이다(×) → 들었을∨뿐이다(○): 어미 '-을' 뒤에 쓰여 '다만 어떠하거나 어찌할 따름이라'는 뜻을 나타내는 '뿐'은 의존 명사이므로 앞말과 띄어 써야 한다. 또한 '뿐이다'에서 '이다'는 서술격 조사로, 앞말 '뿐'에 붙여 쓴다.

06

정답 해설
떠내려∨가(×) → 떠내려가(○): '물 위에 떠서 물결을 따라 옮겨 가다'라는 뜻의 '떠내려가다'는 한 단어이므로 붙여 쓴다.

오답 분석
① 꺼져∨간다(○): '꺼져 간다'는 '꺼지-+-어+가-+-ㄴ-+-다'의 구성으로, 이때 '가다'는 주로 '-어 가다'의 구성으로 쓰여 앞말이 뜻하는 행동이나 상태가 계속 진행됨을 나타내는 보조 동사이다. 따라서 앞말과 띄어 써야 한다. 다만 앞말이 '-아/어'로 연결된 보조 용언이고, 활용형인 '꺼져'가 2음절이므로 '꺼져간다'로 붙여 쓰는 것도 허용된다.
② 아는척한다(○): 보조 용언 '척하다'는 '아는 척하다'와 같이 앞말과 띄어 쓰는 것이 원칙이지만, '아는척하다'와 같이 앞말에 붙여 쓰는 것도 허용된다.
④ 올∨듯도∨하다(○): '듯도 하다'는 보조 용언 '듯하다' 사이에 보조사 '도'가 들어간 형태이므로, 서로 띄어 써야 한다. 또한 '올 듯도 하다'에서 '듯'은 '행동하거나 어떤 일이 일어날 것처럼 보임'의 뜻을 나타내는 의존 명사이므로 앞말과 띄어 써야 한다.

07

정답 해설
시일∨내(○): '시일'과 같이 시간적 범위를 나타내는 명사 뒤에 쓰인 '내'는 '일정한 범위의 안'을 뜻하는 의존 명사이므로 앞말과 띄어 써야 한다.

오답 분석
① 해도해도(×) → 해도∨해도(○): '해도'는 '하다'의 어간 '하-'에 어미 '-여도'가 붙은 '하여도'의 준말로, 각각 하나의 단어이다. 따라서 서로 띄어 써야 한다.
③ 대접하는데나(×) → 대접하는∨데나(○): '대접하는 데나'에서 '데'는 '경우'의 뜻을 나타내는 의존 명사이므로, 앞말과 띄어 써야 한다.
④ 정공법∨밖에(×) → 정공법밖에(○): '밖에'는 '그것 말고는', '그것 이외에는', '기꺼이 받아들이는', '피할 수 없는'의 뜻을 나타내는 보조사이므로 앞말과 붙여 써야 한다.

08

정답 ④

정답 해설

올∨듯도∨하다(○): '듯도 하다'는 보조 용언 '듯하다' 사이에 보조사 '도'가 들어간 형태이므로, 서로 띄어 써야 한다. 또한 '올 듯도 하다'에서 '듯'은 '행동하거나 어떤 일이 일어날 것처럼 보임'의 뜻을 나타내는 의존 명사이므로 앞말과 띄어 써야 한다.

오답 분석

① • 먹은지(×) → 먹은∨지(○): '먹은 지'에서 '지'는 '어떤 일이 있었던 때로부터 지금까지의 동안'을 나타내는 의존 명사이므로 앞말과 띄어 써야 한다.
  • 두∨시간밖에(○): '밖에'는 '그것 말고는', '그것 이외에는', '기꺼이 받아들이는', '피할 수 없는'의 뜻을 나타내는 보조사이므로 앞말과 붙여 써야 한다. 또한 '두'는 체언 '시간'을 수식하는 수 관형사이므로, 뒷말과 띄어 써야 한다.

② 관계∨없이(×) → 관계없이(○): '문제 될 것이 없이'라는 뜻의 '관계없이'는 한 단어이므로 붙여 쓴다.

③ 발리∨섬(×) → 발리섬(○): '발리섬'은 '인도네시아 자바섬의 동쪽에 있는 화산섬'을 가리키는 말로 '해, 섬, 강, 산' 등의 말이 외래어 뒤에 결합할 때는 앞말에 붙여 쓴다.

빈출 유형
05 용언의 활용과 음운의 변동

적중 예상문제

p. 32

01	02	03	04	05
③	②	③	①	③
06	**07**	**08**	**09**	**10**
①	②	④	④	④
11	**12**	**13**	**14**	**15**
①	②	②	④	③
16	**17**	**18**	**19**	**20**
④	②	①	③	②

01

정답 ③

정답 해설

• '겉모양'은 음절의 끝소리 규칙, 비음화를 거쳐 [걷모양 - 건모양]으로 발음된다.
• '앉고[안꼬]'는 자음군 단순화, 된소리되기 현상을 거쳐 [안고 - 안꼬]로 발음된다.

오답 분석

① • '홑이불'은 'ㄴ' 첨가, 음절의 끝소리 규칙, 비음화를 거쳐 [홑니불 - 혿니불 - 혼니불]로 발음된다.
  • 겹받침 'ㄼ'은 자음이나 어말에서 [ㄹ]로 발음하지만, '밟고'는 'ㄼ'에서 예외적으로 [ㅂ]으로 발음되는 단어이다. 따라서 자음군 단순화, 된소리되기 현상을 거쳐 [밥고 - 밥꼬]로 발음된다.

② • '결막염'은 '결막 + 염'의 구성이므로 'ㄴ' 첨가와 비음화를 거쳐[결막념 - 결망념]으로 발음된다.
  • '막일'은 '막 + 일'의 구성이므로 'ㄴ' 첨가와 비음화를 거쳐 [막닐 - 망닐]로 발음된다.

④ • '희망'의 'ㅢ'는 표준 발음법 제5항에 의해 첫소리에 자음이 왔을 때 [ㅣ]로 발음하므로, [히망]으로 발음된다.
  • 겹받침 'ㄼ'은 자음이나 어말에서 [ㄹ]로 발음하지만, '넓죽하다'는 예외로 [ㅂ]으로 발음한다. 그러므로 자음군 단순화, 된소리되기, 축약을 거쳐 [넙죽하다 - 넙쭉하다 - 넙쭈카다]로 발음된다.

02

정답 ②

정답 해설

꽃망울[꼰망울](○): 음절의 끝소리 규칙에 의해 [꼳망울]이 되고, 비음화가 일어나 받침 'ㄷ'이 'ㄴ'으로 교체되어 [꼰망울]로 발음된다.

오답 분석

① 옷맵시[온맵시](×) → [온맵씨](○): 음절의 끝소리 규칙이 적용된 뒤 비음화가 일어나 [옫맵시 - 온맵시]가 되고, 받침 'ㅂ'이 첫소리 'ㅅ'을 만나 된소리가 되어 [온맵씨]로 발음된다.

③ 몫몫이[몽목시](×) → [몽목씨](○): 자음군 단순화 현상에 의해 [목목시]가 되고, 비음화가 일어나 [몽목시]가 된다. 받침 'ㄱ'이 첫소리 'ㅅ'을 만나 된소리가 되어 [몽목씨]로 발음된다.

④ 의견란[의결란](X) → [의견난](O): '의견란'은 표준 발음법 제20항에 따라 유음화 현상이 일어나지 않는 예외적인 단어로, 'ㄹ'이 'ㄴ'으로 바뀌어 [의견난]으로 발음된다.

03
정답 ③

정답 해설
㉠ 상견례[상견녜](O): '상견례'는 표준 발음법 제20항에 따라 유음화 현상이 일어나지 않고 'ㄹ'이 [ㄴ]으로 발음되는 예외 단어이다. 따라서 [상견녜]로 발음된다.

㉡ 피어[피어/피여](O): '피어'는 표준 발음법 제22항에 따라 [피어]로 발음하는 것이 원칙이지만, [피여]로 발음하는 것도 허용된다.

㉢ 국밥[국빱](O): 표준 발음법 제23항에 따라 받침 'ㄱ(ㄲ, ㅋ, ㄳ, ㄺ), ㄷ(ㅅ, ㅆ, ㅈ, ㅊ, ㅌ), ㅂ(ㅍ, ㄼ, ㄿ, ㅄ)' 뒤에 연결되는 'ㄱ, ㄷ, ㅂ, ㅅ, ㅈ'은 된소리로 발음한다. 따라서 [국빱]으로 발음된다.

오답 분석
㉣ 눈동자[눈동자](X) → [눈똥자](O): 된소리되기 현상에 의해 [눈똥자]로 발음된다.

㉤ 백분율[백뿐율](X) → [백뿐뉼](O): 된소리되기와 'ㄴ' 첨가를 거쳐 [백뿐율 - 백뿐뉼]로 발음된다.

04
정답 ①

정답 해설
'영업용'은 '영업용 - [영업뇽] - [영엄뇽]'과 같은 음운 변동이 일어난다. 먼저 'ㄴ' 첨가가 일어나 [영업뇽]이 되고, 비음화 현상이 나타나 [영엄뇽]으로 발음된다. 따라서 음의 동화(비음화) 1번, 음의 첨가('ㄴ' 첨가) 1번이 일어나는 것이다.

05
정답 ③

정답 해설
<보기>에서 설명하는 음운 현상은 음운의 축약이다. 그러나 '쌓였다[싸엳따]'는 'ㅎ' 탈락(탈락)과 음절의 끝소리 규칙(교체), 된소리되기(교체)가 일어나기 때문에 축약의 예로 적절하지 않다.

오답 분석
① '입학식'은 'ㅂ'과 'ㅎ'이 만나 [ㅍ]로 축약되어 [이팍식]이 되고, 이후 된소리되기에 의해 [이팍씩]으로 발음된다.

② '닫혀서'는 'ㄷ'과 'ㅎ'이 만나 [ㅌ]로 축약되어 [다텨서]가 되고, 이후 구개음화에 의해 [다쳐서]로 발음되며, '쳐' 발음을 [처]로 하여 [다처서]가 된다.

④ 맏형[마텽]'은 'ㄷ'과 'ㅎ'이 만나 [ㅌ]로 축약된다.

06
정답 ①

정답 해설
떫다[떨따](O): '떫다'의 겹받침 'ㄼ'은 자음 앞이나 어말에서 [ㄹ]로 발음하므로 [떨:다]가 되고, 된소리되기 현상이 일어나 [떨:다 - 떨:따]로 발음한다.

오답 분석
② 'ㅢ'는 표준발음법 제5항에 의해 첫소리에 자음이 왔을 때 [ㅣ]로 발음하므로, [띠어쓰기]로 발음된다.

③ '닦고'는 음절의 끝소리 규칙과 된소리되기를 거쳐 [닥꼬]로 발음된다.

④ '여덟'의 겹받침 'ㄼ'은 자음 앞이나 어말에서 [ㄹ]로 발음하므로 [여덜]로 발음한다.

07
정답 ②

정답 해설
한글 자모 'ㅌ'의 이름에 조사가 붙을 때의 발음은 [티귿]이 아니라 [티읕]이 옳다. 따라서 '티귿이[티그시] → 티읕이[티으시]', '티귿을[티그슬] → 티읕을[티으슬]'로 발음하는 것이 옳다.

한글 자모의 이름은 그 받침소리를 연음하되 'ㄷ, ㅈ, ㅊ, ㅋ, ㅌ, ㅍ, ㅎ'의 경우에는 특별히 다음과 같이 발음한다.

예
- 디귿이[디그시] 디귿을[디그슬] 디귿에[디그세]
- 지읒이[지으시] 지읒을[지으슬] 지읒에[지으세]
- 치읓이[치으시] 치읓을[치으슬] 치읓에[치으세]
- 키읔이[키으기] 키읔을[키으글] 키읔에[키으게]
- 티읕이[티으시] 티읕을[티으슬] 티읕에[티으세]
- 피읖이[피으비] 피읖을[피으블] 피읖에[피으베]
- 히읗이[히으시] 히읗을[히으슬] 히읗에[히으세]

오답 분석
① 되고[되고/뒈고]의 'ㅚ'는 표준 발음법 제4항에 의해 이중 모음으로 발음할 수 있다. 따라서 [되고]로 발음하는 것이 원칙이나, [뒈고]도 허용된다.

③ 밟지[밥찌]의 겹받침 'ㄼ'은 자음 앞이나 어말에서 [ㄹ]로 발음한다. 다만, '밟-'은 자음 앞에서 [밥]으로 발음하는 예외이다. 따라서 자음군 단순화, 된소리되기 현상이 일어나 [밥:지 - 밥:찌]로 발음한다.

④ 웬일[웬닐]은 'ㄴ' 첨가 현상이 일어나 [웬:닐]로 발음한다.

08
정답 ④

정답 해설
'짧네요'의 겹받침 'ㄼ'은 자음군 단순화에 의해 자음 앞이나 어말에서 [ㄹ]로 발음하므로 [짤네요]가 되고, 'ㄴ'이 'ㄹ' 앞에서 'ㄹ'로 변하는 유음화 현상이 일어나 [짤레요]로 발음한다.

09
정답 ④

정답 해설
㉠ 묻었다(규칙 활용): '묻다'의 어간 '묻-'에 모음으로 시작하는 어미 '-어'나 '-었' 등이 붙어 활용해도 어간과 어미의 형태가 바뀌지 않으므로 ㉠의 예로 적절하다.

㉡ 물었다('ㄷ' 불규칙 활용): '묻다'의 어간 '묻-'에 모음으로 시작하는 어미 '-어'나 '-었' 등이 붙어 활용하면 어간의 'ㄷ'이 'ㄹ'로 불규칙하게 바뀌게 되므로, 즉 국어의 일반적인 음운 규칙으로 설명할 수 없으므로 ㉡의 예로 적절하다.

오답 분석

① ㉡ 붙었다('ㄷ' 불규칙 활용): '붙다'의 어간 '붙-'에 모음으로 시작하는 어미 '-어'가 붙어 활용하면 어간의 'ㄷ'이 'ㄹ'로 불규칙하게 바뀌므로 ㉡의 예로 적절하다.

㉡ 이어요('ㅅ' 불규칙 활용): '잇다'의 어간 '잇-'에 모음으로 시작하는 어미 '-어'가 붙어 활용하면 어간의 'ㅅ'이 탈락하여 어간이 불규칙하게 바뀌므로 ㉡의 예로 적절하다.

② ㉠ 지으며('ㅅ' 불규칙 활용): '짓다'의 어간 '짓-'에 모음으로 시작하는 어미 '-어'가 붙어 활용하면 어간의 'ㅅ'이 탈락하여 어간이 불규칙하게 바뀌므로 ㉡의 예로 적절하다.

㉡ 벗으며(규칙 활용): '벗다'의 어간 '벗-'에 모음으로 시작하는 어미 '-으며'가 붙어 활용해도 어간과 어미의 형태가 바뀌지 않으므로 ㉠의 예로 적절하다.

③ ㉠ 구워('ㅂ' 불규칙 활용): '굽다'의 어간 '굽-'에 모음으로 시작하는 어미 '-어'가 붙어 활용하면 어간의 'ㅂ'이 'ㅜ'로 변하여 어간이 불규칙하게 바뀌므로 ㉡의 예로 적절하다.

㉡ 굽으셨다(규칙 활용): '굽다'의 어간 '굽-'에 모음으로 시작하는 어미 '-으시'가 붙어 활용해도 어간과 어미의 형태가 바뀌지 않으므로 ㉠의 예로 적절하다.

10 정답 ④

정답 해설

'싫소'는 'ㅎ(ㄶ, ㅀ)' 뒤에 'ㅅ'이 결합되는 경우 'ㅅ'을 [ㅆ]으로 발음한다는 규정에 의해 [실쏘]로 발음된다. 따라서 <보기>의 사례에 해당하지 않는다.

오답 분석

① '뚫네'는 <보기>의 '제12항 3의 [붙임] 규정에 의해 [뚤네]로 음운 변동이 일어난 다음, 유음화에 의해 [뚤레]로 발음한다.

② '많이'는 <보기>의 '제12항 4'에 의해 '많'의 'ㅎ'을 발음하지 않고 'ㄴ'을 연음시켜 [마니]로 발음한다.

③ '끊어'는 <보기>의 '제12항 4'에 의해 '끊'의 'ㅎ'을 발음하지 않고 'ㄴ'을 연음시켜 [끄너]로 발음한다.

11 정답 ①

정답 해설

'내복약'은 'ㄴ' 첨가, 비음화가 일어나 [내복냑 - 내봉냑]으로 발음되므로 두 번의 음운 변동이 일어난다. 하지만 '풀잎'은 모두 세 번, 즉 'ㄴ' 첨가([풀닢]), 음절의 끝소리 규칙([풀닙]), 유음화([풀립])의 음운 변동이 일어난다.

오답 분석

② '맑네'는 자음군 단순화, 비음화가 일어나 [막네 - 망네]로 발음되므로 음운의 개수가 6개에서 5개로 줄어든다. 하지만 '풀잎'은 [풀립]으로 발음되므로 음운 개수가 5개에서 6개로 늘어난다.

③ '신라'는 인접한 자음 'ㄹ'에 의해 다른 자음이 'ㄹ'로 변화는 유음화에 의해 [실라]로 발음되며, '풀잎'도 유음화에 의해 [풀닙 - 풀립]으로 발음된다.

④ '숯'은 음절의 끝에 오는 소리를 7가지로 제한하는 음절의 끝소리 규칙에 의해 [숟]의 발음되고, '풀잎'의 '잎'도 음절의 끝소리 규칙에 의해 [입]으로 발음된다.

12 정답 ②

정답 해설

'훗일'은 사잇소리 현상에 의한 'ㄴㄴ' 첨가로 [훈닐]로 발음되는 것만 표준 발음으로 인정한다.

오답 분석

① '함수'는 [함수]로 발음되었으나 2017년 표준국어대사전 정보 수정 내용에 따라 [함쑤]로 발음되는 것도 추가로 인정되었다.

③ '밤이슬'은 [밤니슬]로 발음되었으나 2017년 표준국어대사전 정보 수정 내용에 따라 [바미슬]로 발음되는 것도 추가로 인정되었다.

④ '감언이설'은 [가먼니설]로 발음되었으나 2017년 표준국어대사전 정보 수정 내용에 따라 [가머니설]로 발음되는 것도 추가로 인정되었다.

13 정답 ②

정답 해설

'가윗일[가윈닐/가웬닐]'은 사잇소리 현상에 의한 'ㄴㄴ' 첨가 일어나 [가윈닐]로 발음되고, 'ㅚ'는 이중 모음으로 발음할 수 있다는 규정에 의해 [ㅞ]로 발음되어 [가웬닐]로도 발음할 수 있다.

오답 분석

① '농사일[농사일]'은 사잇소리 현상에 의한 'ㄴ' 첨가가 일어나는 조건이 되지만 'ㄴ' 첨가가 일어나지 않는 [농사일]이 표준 발음이다.

③ '나잇값[나이깝/나읻깝]'은 사잇소리 현상에 의한 된소리되기가 일어나는 단어로 [나이깝]으로 발음하는 것이 원칙이지만, [나읻깝]으로 발음하는 것도 허용하고 있다.

④ '유리잔[유리잔]'은 사잇소리 현상에 의한 된소리되기가 일어나는 조건에 해당하지만 된소리되기가 일어나지 않는[유리잔]이 표준 발음이다.

14 정답 ④

정답 해설

뽑- + -아 → 뽑아: 탈락 없이 그대로 활용되고 있으므로 규칙 활용의 예시이다.

오답 분석

① 곱- + -아서 → 고와서: 'ㅂ' 불규칙 활용을 하는 용언으로 어간 '곱-'에 모음으로 시작하는 어미 '-아서가 붙어 활용하면 어간 'ㅂ'이 'ㅗ'로 변하여 '고와서'가 되므로 불규칙 활용의 예시에 해당한다.

② 흐르- + -어 → 흘러: 'ㄹ' 불규칙 활용을 하는 용언으로 어간 '흐르-'에 모음으로 시작하는 어미 '-어'가 붙어 활용하면 어간 'ㅡ'가 탈락하고 '-어'가 '-러'로 변하여 '흘러'가 되므로 불규칙 활용의 예시이다.

③ 푸르- + -어 → 푸르러: '러' 불규칙 활용을 하는 용언으로 어간 '푸르-'에 모음으로 시작하는 어미 '-어'가 붙어 활용하면 '-어'가 '-러'로 변하여 '푸르러'가 되므로 불규칙 활용의 예시이다.

15

정답 해설
'도와서'는 'ㅂ' 불규칙 활용으로 어간 '돕-'에 모음으로 시작하는 어미 '-아서'가 붙어 활용하면 'ㅂ'이 'ㅗ'로 바뀌어 '도와서'가 된다.

오답 분석
① '기뻐'는 'ㅡ' 규칙 활용으로 어간 '기쁘-'에 모음으로 시작하는 어미 '-어'가 붙어 활용하면 'ㅡ'가 탈락하여 '기뻐'가 된다.
② '머니'는 'ㄹ' 탈락 규칙 활용으로 어간 '멀-'의 'ㄹ'이 'ㄴ, ㅂ, ㅅ, -(으)오, -(으)ㄹ' 앞에서 탈락하여 '머니'가 된다.
④ '잡은'은 '으' 첨가 규칙 활용으로 'ㄹ' 이외의 자음으로 끝난 어간에 '으 + -ㄴ, -ㄹ, -오, -시, -며'의 어미가 붙어 활용하면 '으'가 첨가되어 '잡은'이 된다.

16

정답 해설
'하얘서'는 '하얗-' + -아서'로 'ㅎ'이 탈락하는 'ㅎ' 불규칙 활용에 해당한다.

오답 분석
① '다다랐다'는 모음으로 시작하는 어미 '-아' 앞에서 어간 '다다르-'의 'ㅡ'가 탈락하는 'ㅡ' 탈락 규칙 활용에 해당한다.
② '꺼라'는 모음으로 시작하는 어미 '-어라' 앞에서 어간 '끄-'의 'ㅡ'가 탈락하는 'ㅡ' 탈락 규칙 활용에 해당한다.
③ '먹고'는 '먹- + -고'의 형태로 어간과 어미의 형태가 모두 변하지 않는 용언의 규칙 활용에 해당한다.

17

정답 해설
치르- + 어 → 치러: 어간 '치르-'에 모음으로 시작하는 어미 '-어'가 붙어 활용하면 'ㅡ'가 탈락하는 'ㅡ' 탈락 규칙 활용에 해당한다. 따라서 '치러'로 사용하는 것이 적절하다.

오답 분석
① 걷- + -어 → 걸어: 어간 '걷-'에 모음으로 시작하는 어미 '-어'가 붙어 활용하면 'ㄷ'이 'ㄹ'로 변하는 'ㄷ' 불규칙 활용에 해당한다.
③ 이르- + -었다 → 일렀다: 어간 '이르-'에 모음으로 시작하는 어미 '-었다'가 붙어 활용하면 'ㅡ'가 탈락하고 '-어가 '-러'로 변하는 '르' 불규칙 활용에 해당한다.
④ 굽- + -었다 → 구웠다: 어간 '굽-'에 모음으로 시작하는 어미 '-어'가 붙어 활용하면 'ㅂ'이 'ㅜ'로 변하는 'ㅂ' 불규칙 활용에 해당한다.

18

정답 해설
'써라'는 쓰다의 어간 '쓰-'에 어미 '-어'가 결합하여 '써'가 되는 과정에서 'ㅡ' 탈락이 일어난 용언의 규칙 활용의 예시이다. 따라서 해당 표현은 용언의 불규칙 활용이 아니다.

오답 분석
② '이르렀다'는 '러' 불규칙 활용 용언으로 어간 '이르-'에 모음으로 시작하는 어미 '-어'가 결합하면 '어'가 '러'로 변한다.
③ '일러'는 '르' 불규칙 활용 용언으로 어간 '이르-'에 모음으로 시작하는 어미 '-어'가 결합하면 'ㅡ'가 탈락하고 '-어'가 '-러'로 변한다.
④ '자랑스러운'은 'ㅂ' 불규칙 활용 용언으로 어간 '자랑스럽-'에 모음으로 시작하는 어미 '-은'이 결합하면 'ㅂ'이 'ㅜ'로 변한다.

19

정답 해설
'이어'는 '잇- + -어'에서 'ㅅ'이 모음 어미 앞에서 탈락하는 'ㅅ' 불규칙에 해당한다. 다른 선지들은 모두 'ㄷ' 불규칙이므로 단어의 불규칙 종류가 다른 하나에 해당한다.

오답 분석
① '물어'는 '묻- + -어'로 'ㄷ'이 모음 어미 앞에서 'ㄹ'로 변하는 'ㄷ' 불규칙에 해당한다.
② '실어'는 '싣- + -어'로 용언의 활용 과정에서 'ㄷ'이 모음 어미 앞에서 'ㄹ'로 변하는 'ㄷ' 불규칙에 해당한다.
④ '들어라'는 '듣- + -어'에서 'ㄷ'이 모음 어미 앞에서 'ㄹ'로 변하는 'ㄷ' 불규칙에 해당한다.

20

정답 해설
'수영하여'는 어간 '수영하-'에 어미 '-어'가 결합한 형태로, 모음으로 시작하는 어미 '-어가 '-여'로 변하는 '여' 불규칙 활용이다. 이는 용언의 불규칙 활용 중에서 어미가 바뀌는 경우에 해당한다.

오답 분석
① '따라'는 어간 '따르-'에 모음으로 시작하는 어미 '-아'가 붙어 'ㅡ'가 탈락하는 'ㅡ' 탈락 규칙 활용에 해당한다.
③ '더워'는 어간 '덥-'에 모음으로 시작하는 어미 '-어'가 붙어 'ㅂ'이 'ㅜ'로 변하는 'ㅂ' 불규칙 활용에 해당한다.
④ '아름다워'는 어간 '아름답-'에 모음으로 시작하는 어미 '-어'가 붙어 'ㅂ'이 'ㅜ'로 변하는 'ㅂ' 불규칙 활용에 해당한다.

p. 36

01	02	03	04	05
④	①	④	④	①
06	07	08	09	
②	①	③	③	

01

정답 ④

정답 해설

• 우물물을 품('우' 불규칙 활용): '품'의 기본형은 '푸다'로, 어간 '푸-'에 어미 '-어'가 결합하면 '푸- + -어 → 퍼'가 되므로, 어간의 끝소리 'ㅜ'가 탈락하는 '우' 불규칙 활용 용언이다. 따라서 어간만 불규칙하게 바뀐 ㉠의 예시로 알맞다.
• 목적지에 이름('러' 불규칙 활용): '이름'의 기본형은 '이르다'로 어간 '이르-'에 어미 '-어'가 결합하면 '이르- + -어 → 이르러'가 되므로, 어미 '-어'가 '-러'로 바뀌는 '러' 불규칙 활용 용언이다. 따라서 어미만 불규칙하게 바뀐 ㉡의 예시로 알맞다.

오답 분석

① • 걸음이 빠름('르' 불규칙 활용): 기본형 '빠르다'의 어간에 어미 '-아'가 결합하면 '빠르- + -아 → 빨라'가 되므로, 어간의 끝소리 '르'가 'ㄹㄹ'로 변하는 '르' 불규칙 활용 용언이다. 따라서 ㉠의 예시로 알맞다.
• 꽃이 노람('ㅎ' 불규칙 활용): 기본형 '노랗다'의 어간에 어미 '-아'가 결합하면 '노랗- + -아 → 노래'가 되므로, 어간의 끝소리 'ㅎ'이 탈락하고 어미 '-아'의 모양이 바뀌는 'ㅎ' 불규칙 활용 용언이다. 따라서 어간과 어미의 형태가 모두 바뀐 예시이다.
② • 잔치를 치름('으' 규칙 활용): 기본형 '치르다'의 어간에 어미 '-어'가 결합하면 '치르- + -어 → 치러'가 되므로, 어간의 끝소리 'ㅡ'가 탈락하는 '으' 규칙 활용 용언이다.
• 공부를 함('여' 불규칙 활용): 기본형 '하다'의 어간에 어미 '-아'가 결합하면 '하- + -아 → 하여'가 되므로, 어미 '-아'가 '-여'로 바뀌는 '여' 불규칙 활용 용언이다. 따라서 ㉡의 예시이다.
③ • 라면이 붙음('ㄷ' 불규칙 활용): 기본형 '붇다'의 어간에 어미 '-어'가 결합하면 '붇- + -어 → 불어'가 되므로, 어간의 끝소리 'ㄷ'이 'ㄹ'로 변하는 'ㄷ' 불규칙 활용 용언이다. 따라서 ㉠의 예시이다.
• 합격을 바람(동음 탈락): 기본형 '바라다'의 어간에 어미 '-아'가 결합하면, '바라- + -아 → 바라'가 되므로, 동음 'ㅏ' 중 하나가 탈락하는 규칙 활용 용언이다.

02

정답 ①

정답 해설

머물었다(×) → 머물렀다(○): '머무르다'는 '르' 불규칙 활용 용언이다. 따라서 어간 '머무르-'에 선어말 어미 '-었-'이 결합하면 어간의 끝소리 '르'가 'ㄹㄹ'로 바뀌므로 '머물렀다'로 활용된다.

오답 분석

② 머무르면서(○): '머무르다'는 '르' 불규칙 활용 용언이지만, 어간이 '-면서'와 같이 자음으로 시작하는 어미를 만나면 '르' 불규칙 활용이 일어나지 않으므로 '머무르면서'로 활용된다.
③ 서툰(○): '서툴다'는 '서투르다'의 준말로, 표준어 사정 원칙 제16항에 따라 준말은 모음 어미 활용은 하지 않는다. 따라서 '서툴다'의 어간 '서툴-'에 어미 '-ㄴ'이 결합하면서 'ㄹ'이 탈락하여 '서툰'으로 활용된다.
④ 서투르므로(○): '서투르다'는 '르' 불규칙 활용 용언이지만, 어미 '-므로'와 같이 자음으로 시작하는 어미를 만나면 '르' 불규칙 활용이 일어나지 않으므로 '서투르므로'로 활용된다.

03

정답 ④

정답 해설

'잠그다'는 '으' 규칙 활용 용언으로, 어간 '잠그-'에 모음으로 시작하는 어미 '-아야'가 결합하면 어간의 끝소리 'ㅡ'가 탈락하여 '잠가야'가 된다.

오답 분석

① '흐르다'는 '르' 불규칙 활용 용언으로, 어간 '흐르-'에 모음으로 시작하는 선어말 어미 '-었-'이 결합하면 어간의 끝소리 '르'가 'ㄹㄹ'로 바뀌어 '흘렀다'가 된다.
② '파랗다'는 'ㅎ' 불규칙 활용 용언으로, 어간 '파랗-'에 모음으로 시작하는 어미 '-아'가 결합하면 어간의 끝소리 'ㅎ'이 탈락하고, 어미가 '래'로 바뀌어 '파래'가 된다.
③ '이르다(至)'는 '러' 불규칙 활용 용언으로, 어간 '이르-'에 모음으로 시작하는 어미 '-어서'가 결합하면, 어미의 첫소리 '어'가 '러'로 바뀌어 '이르러서'가 된다.

04

정답 ④

정답 해설

'놀다(遊)'는 'ㄴ, ㅂ, ㅅ, -(으)오, -(으)ㄹ' 앞에서 어간 '놀-'의 끝소리 'ㄹ'이 탈락하는 'ㄹ' 규칙 활용 용언이다. '놀- + -니 → 노니'가 그 예시이다.

오답 분석

① '묻다(問)'는 모음으로 시작하는 어미 앞에서 어간 '묻-'의 끝소리 'ㄷ'이 'ㄹ'로 변하는 'ㄷ' 불규칙 활용 용언이다. '묻- + -어 → 물어'가 그 예시이다.
② '덥다(暑)'는 모음으로 시작하는 어미 앞에서 어간 '덥-'의 끝소리 'ㅂ'이 '우'로 변하는 'ㅂ' 불규칙 활용 용언이다. '덥- + -어 → 더워'가 그 예시이다.
③ '낫다(愈)'는 모음으로 시작하는 어미 앞에서 어간 '낫-'의 끝소리 'ㅅ'이 탈락하는 'ㅅ' 불규칙 활용 용언이다. '낫- + -아 → 나아'가 그 예시이다.

05

정답 ①

정답 해설

곤혹스런(×) → 곤혹스러운(○): '곤혹스럽다'는 'ㅂ' 불규칙 활용 용언으로, 어간 '곤혹스럽-'에 모음으로 시작하는 어미 '-은'이 결합하면 어간의 끝소리 'ㅂ'이 '우'로 변하므로 '곤혹스러운'이 된다.

오답 분석

② 여쭈워(○): '여쭙다'는 'ㅂ' 불규칙 활용 용언으로, 어간 '여쭙-'에 모음으로 시작하는 어미 '-어'가 결합하면 어간의 끝소리 'ㅂ'이 '우'로 변하므로 '여쭈워'가 된다.

③ 묻기(○): '묻다'는 'ㄷ' 불규칙 활용 용언이지만, '-기'와 같이 자음으로 시작하는 어미가 결합하면 'ㄷ' 불규칙 활용이 일어나지 않는다. 따라서 '묻-+-기 → 묻기'로 활용된다.

④ 설워서(○): '섧다'는 'ㅂ' 불규칙 활용 용언으로, 어간 '섧-'에 모음으로 시작하는 어미 '-어서'가 결합하면 어간의 끝소리 'ㅂ'이 '우'로 변하므로 '설워서'가 된다.

06

정답 ②

정답 해설

'식용유'는 [시굥유](연음) → [시굥뉴]('ㄴ' 첨가)의 단계를 거쳐 [시굥뉴]로 발음되므로, 첨가가 일어난 예시이고 음운의 개수가 1개 늘어난다(6개 → 7개). '입학생'은 [이팍생](거센소리되기) → [이팍쌩](된소리되기)의 단계를 거쳐 [이팍쌩]으로 발음되므로, 축약이 일어난 예시이고 음운의 개수가 1개 줄어든다(8개 → 7개). 따라서 ㉠과 ㉣은 음운 변동 전과 후의 음운 개수가 다른 예시이다.

- ㉠ 식용유[시굥뉴]('ㄴ' 첨가): [시굥유] → [시굥뉴]
- ㉡ 헛걸음[헏꺼름](음절의 끝소리 규칙, 된소리되기): [헏거름] → [헏꺼름]
- ㉢ 안팎일[안팡닐]('ㄴ' 첨가, 음절의 끝소리 규칙, 비음화): [안팍닐] → [안팍닐] → [안팡닐]
- ㉣ 입학생[이팍쌩](음운 축약, 된소리되기): [이팍생] → [이팍쌩]

오답 분석

① ㉠과 ㉢에는 각각 음운의 첨가 현상인 'ㄴ' 첨가가 나타난다.

③ ㉡은 음운의 대치(교체) 현상인 음절의 끝소리 규칙, 된소리되기가 나타나고, ㉢은 음운의 대치(교체) 현상인 음절의 끝소리 규칙, 비음화가 나타난다.

④ ㉡에서 음절의 끝소리 규칙과 된소리되기, ㉣에서 된소리되기가 나타나므로 모두 음운의 대치가 나타난다.

07

정답 ①

정답 해설

풀꽃아[풀꼬다](×) → [풀꼬차](○): '아'는 호격 조사로, 모음으로 시작하는 형식 형태소이다. 자음으로 끝나는 말인 '꽃' 뒤에 모음으로 시작하는 형식 형태소가 결합했으므로 음절의 끝소리 규칙을 적용하지 않고 받침 'ㅊ'을 그대로 연음하여 [풀꼬차]로 발음해야 한다.

오답 분석

② 옷 한 벌[오탄벌](○): [온한벌](음절의 끝소리 규칙) → [오탄벌](거센소리되기)

③ 넓둥글다[넙뚱글다](○): [넙둥글다(자음군 단순화)] → [넙뚱글대(된소리되기)]

④ 늙습니다[늑씀니다](○): [늑습니다(자음군 단순화)] → [늑씁니다(된소리되기)] → [늑씀니다(비음화)]

08

정답 ③

정답 해설

국화는 거센소리되기(자음 축약)에 의해 [구콰]로 발음되므로, 음운의 개수가 1개 줄어들었고(5개 → 4개), 솔잎은 'ㄴ' 첨가에 의해 [솔닢]이 되고, 유음화와 음절의 끝소리 규칙이 일어나 최종적으로 [솔립]으로 발음되므로, 음운의 개수가 1개 늘어났다(5개 → 6개). 따라서 음운의 개수에 변화가 있는 단어를 모두 고른 선지는 ③이다.

- ㄴ. 국화[구콰]: 받침 'ㄱ'이 뒤 음절의 첫소리 'ㅎ'을 만나 축약되어 [ㅋ]으로 발음된다.
- ㄷ. 솔잎[솔립]: '솔 + 잎'으로 구성된 합성어에서 앞 단어가 자음으로 끝났으므로, 뒤 단어의 첫음절에 'ㄴ'을 첨가하여 [솔닢]으로 발음하고, [ㄴ]이 [ㄹ] 뒤에서 [ㄹ]로 발음된다는 유음화 규칙에 의해 [솔맆]이 된다. 마지막으로 '잎'에서 받침 'ㅍ'이 음절의 끝소리 규칙에 의해 대표음 [ㅂ]으로 바뀌어 [솔립]으로 발음된다.

오답 분석

ㄱ. 발전[발쩐]: 한자어에서 'ㄹ' 받침 뒤에 연결된 자음 'ㅈ'은 된소리로 발음한다. 음운의 대치에 해당하는 된소리되기 현상만 일어났으므로 음운의 수는 바뀌지 않는다.

ㄹ. 독립[동닙]: 받침 'ㄱ'이 뒤 음절의 첫소리 'ㄹ'을 만나면 비음화 규칙에 따라 'ㄱ'은 [ㅇ]으로, 'ㄹ'은 [ㄴ]으로 변한다. 음운의 대치에 해당하는 비음화 현상만 일어났으므로 음운의 수는 바뀌지 않는다.

09

정답 ③

정답 해설

끓는[끌른](탈락, 대치)(○): [끌는](자음군 단순화, 탈락) → [끌른](유음화, 대치)

오답 분석

① 값진[갑찐](탈락, 첨가)(×) → (탈락, 대치)(○): [갑진](자음군 단순화, 탈락) → [갑찐](된소리되기, 대치)

② 밖과[박꽈](대치, 축약)(×) → (대치)(○): [박과](음절의 끝소리 규칙, 대치) → [박꽈](된소리되기, 대치)

④ 밭도[받또](대치, 첨가)(×) → (대치)(○): [받도](음절의 끝소리 규칙, 대치) → [받또](된소리되기, 대치)

빈출 유형

06 높임법

적중 예상문제
p. 38

01	02	03	04	05
②	②	②	③	③
06	**07**	**08**	**09**	**10**
③	②	②	④	④
11	**12**	**13**	**14**	**15**
④	②	①	③	④
16	**17**	**18**	**19**	**20**
①	④	②	①	④

01
정답 ②

정답 해설

조사 '께서'와 주체 높임 선어말 어미 '-시-'를 사용하여 '다치다'의 주체인 '할머니'를 직접 높이고 있으므로 간접 높임의 예로는 적절하지 않다. 이때 '손가락'은 주체가 아닌 객체(목적어)이다.

오답 분석

① 주체 높임 선어말 어미 '-시-'를 사용하여 주체인 선생님과 관련된 '자식'을 높여 '자식이 많으시다'로 표현했으므로 간접 높임이 올바르게 적용된 것이다.

③ 주체 높임 선어말 어미 '-시-'를 사용하여 주체인 형님과 관련된 '고민'을 높여 '고민이 많으시다'로 표현했으므로 간접 높임이 올바르게 적용된 것이다.

④ 주체 높임 선어말 어미 '-시-'를 사용하여 주체인 어머니의 신체 '발'을 높여 '발이 작으시다'로 표현했으므로 간접 높임이 올바르게 적용된 것이다.

02
정답 ②

정답 해설

객체인 '선생님'을 높이는 경우에는 '물어보다'를 객체 높임 특수 어휘인 '여쭤보다'로 써야 한다.

오답 분석

① 주체 높임 특수 어휘 '계시다'를 사용하여 주체인 '선생님'을 높인 주체 높임 문장이다

③ 주체 높임 선어말 어미 '-시-'를 사용하여 '많으시다'의 주체인 '어머니'를 높인 주체 높임 문장이다.

④ 주체 높임 선어말 어미 '-시-'를 사용하여 '주시다'의 주체인 '선생님'을 높인 주체 높임 문장이다.

03
정답 ②

정답 해설

주체 높임 선어말 어미 '-시-'를 사용하여 '기다려 주다'의 주체인 '고객님'을 높인 주체 높임 문장이다.

오답 분석

① 주어 '음료의 가격'은 높임의 대상이 아니므로 '주문하신 음료의 가격은 5,000원입니다.'로 표현해야 한다.

③ 주어 '진료실'은 높임의 대상이 아니므로 '환자분, 진료실은 이쪽입니다.'로 표현해야 한다.

④ 주어 '수수료'는 높임의 대상이 아니므로 '적립금으로 수수료가 결제되었습니다.'로 표현해야 한다.

04
정답 ③

정답 해설

'말씀'은 높임의 대상인 '담임 선생님'과 관련된 것이므로 간접 높임의 대상이다. 따라서 특수 어휘 '계시겠습니다(계시다)'를 사용할 수 없고, 선어말 어미 '-시-'를 사용하여 '있으시겠습니다.'로 고쳐야 한다.

오답 분석

① 객체인 '아버지'를 높이는 경우에는 부사격 조사 '에게'를 높임의 조사인 '께'로 고쳐야 한다.

② '오시다'의 주체인 '철수'는 높임의 대상이 아니므로 '-시-'를 빼고 '오다'로 써야 한다. 따라서 '오라고 하셔'의 준말인 '오라셔'로 수정하여, '하다'의 주체인 선생님을 높여야 한다. 주체 높임을 실현하기 위해 주격 조사 '이'를 '께서'로 고치는 것도 가능하지만, '이/가'를 사용해도 주체 높임을 사용한 것으로 인정된다.

④ '주문한' 대상은 '고객님'이기 때문에 주체 높임 선어말 어미 '-시-'를 사용하여 '주문하신'으로 써야 한다. 사물인 주어 '신발'은 높임의 대상이 될 수 없으므로 '-시-'를 빼고 '품절입니다'로 써야 한다.

05
정답 ③

정답 해설

높임의 부사격 조사 '께'가 문장의 부사어인 '부모님'을 높이고 있으므로 이는 객체 높임법에 해당한다.

오답 분석

① 주어 '할머니'를 높이기 위해서 조사 '께서'와 주체 높임 선어말 어미 '-시-'를 사용한 주체 높임법이 실현되었다.

② 주어 '교장 선생님'을 높이기 위해 조사 '께서'와 접미사 '님'이 사용되어 직접 높임을 하고 있으며, 주체 높임 선어말 어미 '-시-'를 사용한 주체 높임법이 실현되었다.

④ 주어 '아버지'를 높이기 위해 조사 '께서'와 특수 어휘 '주무시다'를 사용한 주체 높임법이 실현되었다.

06
정답 ③

정답 해설

조사 '께서'와 주체 높임 선어말 어미 '-시-'를 사용하여 문장의 주체인 '할머니'를 높이는 주체 높임법이 실현되었다. 따라서 '객체 높임법'에 해당하지 않는다.

오답 분석

① 문장의 목적어인 '아버지'를 높이는 특수 어휘 '모시고'를 사용했다. 따라서 객체 높임법에 해당한다.

② 문장의 부사어인 '아버지'를 높이는 특수 어휘 '드려라'가 사용되었다. 또한 높임의 부사격 조사 '께'를 사용하여 객체 높임법을 사용하고 있다.

④ 객체 높임 특수 어휘 '드리다'가 사용되고 있다. 따라서 문장에서 생략된 부사어를 높이는 객체 높임법에 해당한다.

07   정답 ②

정답 해설

격식체인 '하십시오체'를 사용하여 청자를 높이는 상대 높임법이 쓰였다.

오답 분석

① 객체 높임 특수 어휘인 '뵈다'를 사용하여 객체인 '할머니'를 높이고 있다.

③ 객체 높임 특수 어휘인 '여쭈다'를 사용하여 객체인 '선생님'을 높이고 있다.

④ 높임의 부사격 조사 '께'를 사용하여 객체인 '아버지'를 높이고 있다.

08   정답 ②

정답 해설

조사 '께'를 사용하여 부사어인 '아주머니'를 높이는 객체 높임법에 해당한다.

오답 분석

① 주격 조사 '께서'를 사용하여 문장의 주어인 '할머니'를 높이는 주체 높임법에 해당한다.

③ 객체 높임 특수 어휘 '드리다'를 사용하여 문장의 부사어인 '아주머니'를 높이는 객체 높임법에 해당한다.

④ 주체 높임 선어말 어미 '-시-'를 사용하여 문장의 주어인 '할머니'를 높이는 주체 높임이 나타나고, '해요체'를 사용하여 청자인 '엄마'를 높이는 상대 높임이 나타난다. 따라서 상대 높임 표현을 포함하고 있으므로 적절한 설명이다.

09   정답 ④

정답 해설

'아버지'와 관련된 '걱정거리'를 높이는 경우이므로 직접 높이는 어휘인 '계시다'를 사용할 수 없다. 주체 높임 선어말 어미 '-시-'를 사용하여 '있으시다'라고 하는 것이 적절하다.

오답 분석

① '할머니'의 신체인 '무릎'을 높이는 경우이므로 주체 높임 선어말 어미 '-시-'를 사용하여 '아프십니다'로 고쳐 쓰는 것이 적절하다.

② '선생님'과 관련된 '훈화 말씀'을 높이는 경우이므로 주체 높임 선어말 어미 '-시-'를 사용하여 '있으시겠습니다'로 고쳐 쓰는 것이 적절하다.

③ 직장에서는 압존법을 사용하지 않는 것이 적절하므로 '부장님, 과장님께서 잠시 후에 도착하신대요.'로 고쳐 쓰는 것이 적절하다.

10   정답 ④

정답 해설

'죽다'의 특수 높임 어휘는 '돌아가시다'이다. 이처럼 높임 표현이 특수 어휘에 의해서 실현되는 경우에는 '죽으시다'처럼 '-시-'를 붙이는 것으로는 적절한 높임 표현이라고 할 수 없다.

오답 분석

① 문장의 부사어인 '손님'이 높임의 대상이므로 객체 높임법을 사용하여 '물어보고'가 아닌 '여쭤보고'의 특수 높임 어휘를 사용하는 것이 적절하다.

② 문장의 목적어인 '의원님'이 높임의 대상이므로 '보게 되어'가 아닌 특수 높임 어휘 '뵙게 되어'를 사용하는 것이 적절하다.

③ 문장의 부사어인 '어머니'가 높임의 대상이므로 '주느라'가 아닌 특수 높임 어휘 '드리느라'를 사용하는 것이 적절하다.

11   정답 ④

정답 해설

상대 높임법 중 격식체의 하나인 '하오체'를 사용하여 '나가다'가 아닌 '나가시오'를 사용하고 있다. 그 외에는 모두 '하십시오체'를 사용하고 있으므로 상대 높임법의 종류가 다른 하나에 해당한다.

오답 분석

① 상대 높임법 중 격식체의 하나인 '하십시오체'를 사용하여 '가다'가 아닌 '가다'의 명령형 '가십시오'를 쓰고 있다.

② 상대 높임법 중 격식체의 하나인 '하십시오체'를 사용하여 '좋다'가 아닌 '좋으십니까'를 쓰고 있다.

③ 상대 높임법 중 격식체의 하나인 '하십시오체'를 사용하여 '잡다'가 아닌 '잡으십시오'를 쓰고 있다.

12   정답 ②

정답 해설

문장의 목적어인 '이모'를 높이는 특수 어휘 '모시고'가 사용된 객체 높임법 문장이다. 다른 문장은 모두 주체 높임법이 사용된 문장이므로, 높임 표현의 종류가 다른 하나로 적절하다.

오답 분석

① 조사 '께서'와 주체 높임 선어말 어미 '-시-'를 사용하여 주어인 '어머니'를 높이는 주체 높임법 문장에 해당한다.

③ 조사 '께서'와 특수 어휘 '계시다'를 사용하여 주어인 '의원님'을 높이는 주체 높임법 문장에 해당한다.

④ 조사 '께서'와 주체 높임 선어말 어미 '-시-'를 사용하여 주어인 '친구 어머니'를 높이는 주체 높임법 문장에 해당한다.

13   정답 ①

정답 해설

'드렸다'는 문장의 주어인 '오빠'가 아니라 문장의 부사어인 '할머니'를 높이는 특수 높임 어휘로, 이는 객체 높임법에 해당한다.

오답 분석

② '연세'와 선어말 어미 '-시-'가 문장의 주어인 '어르신'을 높여서 표현하고 있다.

③ '드리고'와 부사격 조사 '께'가 문장의 부사어인 '부장님'을 높여서 표현하고 있는 객체 높임법이 사용된 문장이다.

④ '께서'와 선어말 어미 '-시-'가 문장의 주어인 '할머니'를 높여서 표현하고 있는 주체 높임법이 사용된 문장이다.

14 정답 ③

정답 해설

'내일 (선생님을) 뵙고'에서는 객체 높임법이 올바르게 사용되었으나, '할말'에서는 높임 표현이 올바르게 사용되지 않았다. 이 경우 특수 높임 어휘 '드리다'와 '말씀'을 사용하여 '드릴 말씀'으로 높임 표현을 사용해야 옳다.

오답 분석

① 조사 '께'와 특수 높임 어휘 '여쭈다'를 사용하여 객체인 '선생님'을 높이고 있다.

② 객체 높임 특수 어휘 '모시다'를 사용하여 객체인 '할머니'를 높이고 있다.

④ 조사 '께서'와 특수 높임 어휘 '계시다'를 사용하여 주체인 '할머니'를 높이고 있다.

15 정답 ④

정답 해설

주어 '옷'은 높임의 대상이 될 수 없는 사물이기 때문에 '손님, 말씀하신 옷은 없습니다.'로 사용하는 것이 적절하다.

오답 분석

① 조사 '께서'와 주체 높임 선어말 어미 '-시-'를 사용하여 주어인 '아버지'를 높이는 주체 높임 문장이다.

② 조사 '께'를 사용하여 부사어인 '선생님'을 높이는 객체 높임 문장이다.

③ 특수 높임 어휘 '뵙다'를 사용하여 목적어인 '선생님'을 높이는 객체 높임 문장이다.

16 정답 ①

정답 해설

'아버지께서'의 '께서'는 선어말 어미가 아닌, 주어를 높이기 위한 높임의 주격 조사이다.

오답 분석

② '모시러'는 문장의 객체인 '할머니'를 높이기 위한 어휘로, 이를 '데리러'로 바꾸면 객체 높임법이 적용되지 않아 문법적으로 적절하지 않은 문장이 된다.

③ 문장의 주체인 '아버지'를 높이는 주체 높임을 실현하기 위해 '출발하다'에 주체 높임 선어말 어미 '-시-'가 결합하여 '출발하셨다'로 사용되고 있다.

④ 행위의 주체인 '아버지'를 높이기 위하여 조사 '께서'와 주체 높임 선어말 어미 '-시-'가 사용되고, 행위가 미치는 대상인 '할머니'를 높이기 위하여 특수 높임 어휘 '모시러'가 사용되고 있다.

17 정답 ④

정답 해설

주어인 '어머니'와 관련된 '안경'을 높이는 간접 높임 표현이 '있으시다'의 주체 높임 선어말 어미 '-시-'로 실현되고 있다.

오답 분석

① 문장의 주어인 '어머니'를 높이기 위해 '읽다'에 주체 높임 선어말 어미 '-시-'가 결합하여 '읽으시다'가 사용되는 주체 직접 높임 표현 문장이다.

② 문장의 주어인 '어머니'를 높이기 위하여 조사 '께서'와 특수 높임 표현 '계시다'가 사용되는 주체 직접 높임 표현 문장이다.

③ 어머니와 관계된 사물 '안경'이 문장에 사용되고 있지만, 간접 높임 표현은 사용되지 않고, 조사 '께서'와 선어말 어미 '-시-'를 사용하여 '어머니'를 높이는 주체 직접 높임 표현 문장이다.

18 정답 ②

정답 해설

압존법은 듣는 이를 고려하여 높임의 대상을 높이지 않는 표현법이다. 이때 직장에서는 압존법을 사용하지 않는 것이 적절하므로 '부장님, 과장님이 이 서류를 전하셨습니다.'로 사용하는 것이 적절하다. 또한 직장뿐 아니라 가정과 사제 간 모두 압존법의 사용 없이 모두를 높이는 것 또한 허용되고 있다.

오답 분석

① 화자인 손녀보다 '아버지'가 지위가 더 높지만 청자인 '할머니'보다는 낮기 때문에 압존법이 허용된다.

③ 화자인 '손녀'보다 '아버지'가 더 지위가 높아 높임의 대상이지만, 청자가 '할머니'이므로 압존법이 허용된다.

④ 화자인 '학생'보다 '담임 선생님'이 지위가 더 높지만, 청자가 '교장 선생님'이므로 압존법이 허용된다.

19 정답 ①

정답 해설

주체 높임 선어말 어미 '-시-'가 결합한 높임 표현과 같은 뜻의 특수 어휘가 존재하는 경우 특수 어휘를 사용해야 한다. 따라서 '아프시다'가 아니라 '편찮으시다'로 사용하는 것이 적절하다.

오답 분석

② '할머니'의 신체 일부인 '허리'를 높이는 경우이므로 주체 높임 선어말 어미 '-시-'를 사용하는 것이 적절하다.

③ 주어인 '아버지'를 높이기 위해 조사 '께서'와 특수 어휘 '드시다', '계시다'가 사용된 주체 높임 문장이다.

④ 주어인 '선생님'을 높이기 위해 조사 '께서'가 사용되었다. 또한 '재산'의 간접 높임 표현으로 주체 높임 선어말 어미 '-시-'를 사용하여 '없으시다'라고 표현하였다.

20

정답 해설

청자인 '할아버지'가 주체인 '아버지'보다 높기 때문에 압존법을 적용할 수 있는 상황이므로 '할아버지, 아버지께서 진지를 드시라고 했어요.'가 올바른 표현이다. 또한 가정 내에서의 압존법은 적용하지 않는 것도 허용되고 있기 때문에 '할아버지, 아버지께서 진지를 드시라고 하셨어요.' 역시 가능하다.

오답 분석

① 청자인 '할머니'가 주체인 '엄마'보다 높으므로, 압존법이 적용될 수 있는 문장이다. 그러나 청자인 할머니에게 반말체를 사용하는 것을 잘못된 문장으로 '할머니, 엄마가 전화해 달라셔요(달라고 하셔요).' 등으로 고쳐야 한다.

② 청자인 '순이'가 주체인 '과장님'보다 낮으므로, 압존법을 적용하지 않는다. 따라서 '순이야, 과장님께서 뭐라고 하셨니?'로 고쳐야 한다.

③ 직장에서는 자신보다 직급이 높거나, 같은 직급인 경우 모두 존댓말을 쓰는 것이 원칙이다. 그러므로 '사장님, 부장님은 퇴근하셨습니다.'로 고쳐야 한다.

필수 기출 문제

01	02	03	04	05
③	①	②	②	①
06	**07**	**08**		
④	①	④		

01

정답 해설

'어머니께서 아주머니께 이 김치를 드리라고 하셨습니다'는 하십시오체가 사용된 문장으로 종결 어미 '-습니다'를 통해 대화의 상대를 높이고 있다. 또 이 문장의 주체는 '어머니'로 높임의 주격 조사 '께서'와 선어말 어미 '-(으)시-'를 통해 주체 높임이 실현되고 있으며, 객체는 부사어인 '아주머니'로 부사격 조사 '께'와 특수 어휘 '드리다'를 통해 객체 높임을 실현하고 있다.

오답 분석

① 주격 조사 '께서'와 선어말 어미 '-(으)시-'를 통해 문장의 주체인 '아버지'를 높이고 있으며, 특수 어휘 '모시다'를 통해 문장의 객체인 '할머니'를 높이고 있다. 하지만 낮춤의 종결 어미 '-다'를 사용하고 있으므로, 대화의 상대는 높이고 있지 않다.

② 말하는 이 본인을 '저'로 낮추고 보조사 '요'를 사용하여 대화의 상대를 높이고 있으며, 부사격 조사 '께'와 특수 어휘 '드리다'를 통해 문장의 객체인 '어머니'를 높이고 있다. 하지만 문장의 주체인 '저'는 높이고 있지 않으므로, 주체 높임이 실현되지 않은 문장이다.

④ 종결 어미 '-ㅂ니다'를 통해 대화의 상대를 높이고 있으며, 주격 조사 '께서'와 선어말 어미 '-(으)시-'를 통해 문장의 주체인 '여러분'을 높이고 있다. 그러나 이 문장의 객체는 '이야기'와 '귀'로 모두 높임의 대상이 될 수 없는 말이며, 따라서 객체 높임은 실현되지 않은 문장이다.

02

정답 해설

'숙희야, 내가 선생님께 꽃다발을 드렸다'라는 문장의 주체는 '나'이므로 주체 높임이 실현되지 않았다. 또한 문장의 객체는 '선생님'으로, 부사격 조사 '께'와 특수 어휘 '드리다'를 통해 객체 높임을 실현하고 있다. 마지막으로 대화의 상대인 청자는 '숙희'로 호격 조사 '야'와 종결 어미 '-다'가 사용된 것을 통해 상대를 낮추고 있음을 알 수 있다.

03

정답 해설

ㄴ, ㄷ은 주체 높임과 객체 높임, 상대 높임이 모두 사용된 문장이다.

- **주체 높임**: 주격 조사 '께서'와 선어말 어미 '-(으)시-'를 통해 각 문장의 주체인 '어머니'와 '할아버지'를 높이고 있다.
- **객체 높임**: ㄴ은 부사격 조사 '께'와 특수 어휘 '드리다'를 통해 문장의 객체인 '선생님'을, ㄷ은 특수 어휘 '뵙다'를 통해 문장의 객체인 '할아버지'를 높이고 있다.
- **상대 높임**: ㄴ은 해요체의 종결 어미인 '-어요'를, ㄷ은 하십시오체의 종결 어미 '-습니다'를 사용하여 청자를 높이고 있다.

오답 분석

- ㄱ: 문장의 주체인 '우리', 청자인 '얘들'을 모두 높이지 않고 있다. 해라체의 종결 어미인 '-자'를 사용하여 청자를 낮추고 있음을 알 수 있다. 또한 객체인 '과제'는 높임의 대상이 아니다.
- ㄹ: 부사격 조사 '께'와 특수 어휘 '여쭤보다'를 통해 문장의 객체인 '아버지'를 높이고 있다. 하지만 해체의 종결 어미 '-어'를 사용하여 청자를 낮추고 있으며, 문장의 주체는 드러나 있지 않지만 주체 높임을 실현하는 요소가 드러나 있지 않으므로 주체 높임이 실현되지 않은 문장으로 볼 수 있다.

04

정답 해설

② 할아버지께서 네 방으로 오라고 하셨어(○): 주격 조사 '께서'와 선어말 어미 '-(으)시-'를 바르게 사용하여 서술어 '하다'에 대응하는 주체인 '할아버지'를 높이고 있다. '오다'의 주체는 '너'이므로, 높임의 대상이 아니다. 따라서 '오다'에는 선어말 어미 '-(으)시-'를 결합하면 안 되며, '오시라고 하셨어'는 잘못된 높임 표현이다.

오답 분석

① 고객님이 주문하신 커피 나오셨습니다(×) → 고객님께서 주문하신 커피 나왔습니다(○): 주격 조사 '께서'와 선어말 어미 '-(으)시-'를 사용하여 서술어 '주문하다'에 대응하는 주체인 '고객님'을 높여야 한다. 서술어 '나오다'의 주체는 '커피'로 높임의 대상이 아니며, '나오다'에 '-(으)시-'를 결합하여 '나오시다'로 표현하는 것은 과도한 간접 높임이므로 해소해야 한다.

③ 사장님의 말씀이 계시겠습니다(×) → 사장님의 말씀이 있으시겠습니다(○): 특수 어휘는 직접 높임에만 사용될 수 있으며, 간접 높임에서는 '계시다'와 같은 특수 어휘 대신 선어말 어미 '-(으)시-'를 사용해야 한다. 따라서 높임의 대상인 '사장님'과 관련된 대상인 '말씀'을 높이는 간접 높임 표현에서는 '말씀이 있으시겠습니다'로 표현하는 것이 적절하다. 또한 '말씀'을 높일 경우에는 선어말 어미 '-(으)시-'를 사용하지 않는 것도 허용되므로 '말씀이 있겠습니다'로 표현하는 것도 가능하다.

④ 어머니께서 제게 시간을 여쭈어보셨어요(×) → 어머니께서 제게 시간을 물어보셨어요(○): '여쭈어보다'는 목적어나 부사어와 같은 문장의 객체를 높이기 위해서 사용하는 특수 어휘이다. 이 문장에서 '어머니'는 객체가 아닌 주체이므로 '여쭈어보다'를 통해 높일 수 없으며, '여쭈어보다'를 사용하면 문장의 객체인 '저'를 높이는 표현이 된다. 주체인 어머니에 대응하는 서술어인 '물어보다'에 선어말 어미 '-시-'를 결합한 '물어보시다'로 표현하는 것이 적절하다.

05

정답 해설

주격 조사 '께서'와 주체 높임 선어말 어미 '-(으)시-'를 통해 문장의 주체인 '어머니'를 높이고 있으며, 해라체의 종결 어미인 '-다'를 통해 대화의 상대를 낮추고 있다. 또한 문장의 객체는 '영희'로 높임의 대상이 아니며, 부사격 조사 '께' 대신 '에게'가 사용되고 특수 어휘 '드리다' 대신 '주다'가 사용된 것을 통해 이를 확인할 수 있다. 따라서 ①은 '+주체, -객체, +상대'로 분석된다.

오답 분석

② 부사격 조사 '께'와 특수 어휘 '드리다'를 통해 객체인 '할머니'를 높이고 있으며, 해라체의 종결 어미인 '-다'를 통해 대화의 상대를 낮추고 있다. 하지만 문장의 주체인 '영희'는 높이고 있지 않으므로, '-주체, +객체, +상대'로 분석하는 것이 적절하다.

③ 주격 조사 '께서'와 선어말 어미 '-(으)시-'를 통해 주체인 '어머니'를 높이고 있으며, 하십시오체의 종결 어미인 '-습니다'를 통해 대화의 상대를 높이고 있다. 하지만 문장의 객체인 '영희'는 높이고 있지 않으므로, '+주체, -객체, +상대'로 분석하는 것이 적절하다.

④ 주격 조사 '께서'와 선어말 어미 '-(으)시-'를 통해 주체인 '어머니'를, 부사격 조사 '께'와 특수 어휘 '드리다'를 통해 객체인 '할머니'를 높이고 있다. 또한 하십시오체의 종결 어미인 '-습니다'를 통해 대화의 상대를 높이고 있으므로, '+주체, +객체, +상대'로 분석하는 것이 적절하다.

06

정답 해설

ㄷ의 객체인 '아이들'은 높임의 대상이 아니므로, ㄷ에는 객체 높임이 실현되지 않았다. ㄹ의 객체인 '할머니'는 높임의 대상이므로, 특수 어휘 '모시다'를 통해 객체 높임을 실현하고 있다.

오답 분석

① 주격 조사 '께서'와 선어말 어미 '-(으)시-', 특수 어휘 '계시다'를 통해 ㄱ의 주체인 '할아버지'와 ㄴ의 주체인 '선생님'을 높이고 있다.

② ㄱ, ㄴ은 하십시오체의 종결 어미인 '-(스)ㅂ니다'를, ㄷ은 하십시오체의 종결 어미인 '-십시오'를 사용하여 문장의 청자를 높이고 있다.

③ ㄴ은 '계시다'라는 특수 어휘를 사용하여 문장의 주체인 '선생님'을 높이고 있으며, '댁'을 사용하여 선생님과 관련 있는 대상인 '집'을 간접적으로 높이고 있다. 또한 ㄹ은 특수 어휘 '모시다'를 사용하여 문장의 객체인 '할머니'를 높이고 있다.

07

정답 해설

부사격 조사 '께'와 특수 어휘 '드리다'를 통해 문장의 객체인 '어머니'를 높이고 있다. 반면 문장의 주체는 높이고 있지 않다.

오답 분석

②, ③, ④ 주격 조사 '께서'와 선어말 어미 '-(으)시-'를 통해 각각 문장의 주체인 '할머니', '선생님', '큰아버지'를 높이고 있다. 반면 문장의 객체인 '시간', '누나', '나'는 높이고 있지 않다.

08
정답 ④

정답 해설

여쭤보셨던(×) → 물어보셨던(○): '여쭤보다'는 목적어나 부사어와 같은 문장의 객체를 높이기 위해서 사용하는 특수 어휘이다. 이 문장에서 '시장님'은 객체가 아닌 주체이므로 '여쭤보다'를 통해 높일 수 없으며, '여쭤보다'를 사용하면 문장의 객체인 '저'를 높이는 표현이 된다. 주체인 시장님에 대응하는 서술어인 '물어보다'에서 선어말 어미 '-시-'를 결합하여 '물어보셨던'으로 표현하는 것이 적절하다.

오답 분석

① 부장님, 넥타이가 잘 어울리시네요(○): '넥타이'는 높임의 대상인 '부장님'과 관련된 물건으로, 이 문장에서 간접 높임의 대상이 된다. 따라서 주체인 '넥타이'에 대응하는 서술어 '어울리다'에 선어말 어미 '-(으)시-'를 붙여 '어울리시네요'로 쓸 수 있다.

② 어머님, 아비가 아직 안 들어왔습니다(○): 이 문장에서 '아비'는 말하는 이의 남편이고, 듣는 사람인 '어머님'은 말하는 이의 시부모이므로, 압존법에 따라 남편을 '아비'라고 낮추어 부르는 것이 적절하다. 남편을 시부모님에게 말할 때는 높이지 않고 낮추어 말하는 것이 적절하다.

③ 선생님, 어머니께서 위임장을 주셨습니다(○): 주격 조사 '께서'와 선어말 어미 '-(으)시-'를 통해 문장의 주체인 '어머니'를 높이는 것은 적절하다.

적중 예상문제
p. 44

01	02	03	04	05
④	①	④	③	④
06	**07**	**08**	**09**	**10**
④	②	②	②	④
11	**12**	**13**	**14**	**15**
①	④	④	③	③
16	**17**	**18**	**19**	**20**
④	④	②	③	④

01
정답 ④

정답 해설

닁큼(×) → 닝큼(○): '의'나, 자음을 첫소리로 가지고 있는 음절의 'ㅢ'는 'ㅣ'로 소리 나는 경우가 있더라도 'ㅢ'로 적어야 하므로, '닝큼'이 올바른 표기다.

오답 분석

① 누누이(○): 한 단어 안에서 같은 음절이나 비슷한 음절이 겹쳐 나는 부분은 같은 글자로 적는다.

② 담뿍(○): 한 단어 안에서 뚜렷한 까닭 없이 나는 된소리는 다음 음절의 첫소리를 된소리로 적는다.

③ 사뭇(○): 'ㄷ' 소리로 나는 받침 중에서 'ㄷ'으로 적을 근거가 없는 것은 'ㅅ'으로 적는다.

02
정답 ①

정답 해설

휴게실(×) → 휴게실(○): '계, 례, 몌, 폐, 혜'의 'ㅖ'는 [ㅔ]로 소리 나는 경우가 있더라도 'ㅖ'로 표기하는 것이 원칙이지만 '휴게실'의 '게'는 예외적으로 본음 그대로 사용된다.

오답 분석

② 으레(○): 일부 단어의 경우, 모음이 단순화한 형태를 표준어로 삼는다는 규정에 따라 '으레'라고 표기하는 것이 적절하다.

③ 핑계(○): '계, 례, 몌, 폐, 혜'의 'ㅖ'는 [ㅔ]로 소리 나는 경우가 있더라도 'ㅖ'로 표기하는 것이 원칙이므로 '핑계'의 '계'는 'ㅖ'로 표기하는 것이 적절하다.

④ 게시판(○): '계, 례, 몌, 폐, 혜'의 'ㅖ'는 [ㅔ]로 소리 나는 경우가 있더라도 'ㅖ'로 표기하는 것이 원칙이지만 '게시판'의 '게'는 예외적으로 본음대로 사용한다.

03
정답 ④

정답 해설

법썩(×) → 법석(○): '법'의 'ㅂ' 받침 뒤에서 '석'이 된소리로 발음되므로 <보기>에 따라 된소리로 적지 않고 '법석'으로 표기하는 것이 적절하다.

오답 분석

① 몹시(O): '몹'의 'ㅂ' 받침 뒤에서 '시'가 된소리로 발음되므로 <보기>에 따라 된소리로 적지 않는다.

② 딱지(O): '딱'의 'ㄱ' 받침 뒤에서 '지'가 된소리로 발음되므로 <보기>에 따라 된소리로 적지 않는다.

③ 국수(O): '국'의 'ㄱ' 받침 뒤에서 '수'가 된소리로 발음되므로 <보기>에 따라 된소리로 적지 않는다.

04
정답 ③

정답 해설

모음 뒤에 이어지는 '률'은 '율'로 작성하는 것이 원칙이므로 '규율'의 표기만 허용된다.

오답 분석

① 두음 법칙은 'ㅣ, ㅑ, ㅕ, ㅛ, ㅠ' 앞에서의 'ㄹ'과 'ㄴ'이 탈락하고, 'ㅏ, ㅗ, ㅜ, ㅡ, ㅐ, ㅔ, ㅚ' 앞의 'ㄹ'은 'ㄴ'으로 교체되는 것을 말한다. 다만 단어의 첫머리 이외의 경우에는 본음대로 적는다.

② '예의'의 한자음 '례'가 단어의 첫머리에 올 적에는 두음 법칙에 따라 '예'로 적는다.

④ 단어의 첫머리가 아닌 경우에는 두음 법칙이 적용되지 않으므로 '선량'은 적절한 표기이다.

05
정답 ④

정답 해설

찰지게/차지게(O): '반죽이나 밥, 떡 따위가 끈기가 많다'는 뜻의 형용사는 '차지다'이다. 접사 '찰-'과 동사 '지다'가 결합한 형태이지만, 'ㄹ' 받침을 가진 말이 합성어나 파생어를 형성할 때 'ㄹ' 소리가 나지 않는 것은 나지 않는 대로 적는 것이 원칙이기 때문에 '차지다'가 되었다. 그러나 2015년에 '찰지다' 역시 표준어가 되었다.

오답 분석

① 째째하게(X) → 쩨쩨하게(O): '쩨쩨하다'는 '사람이 잘고 인색하다'라는 뜻의 형용사로, 째째하다라고 쓰는 경우가 있으나 표준어 규정에 따라 '쩨쩨하다'만을 표준어로 삼는다.

② 허구헌(X) → 허구한(O): '날, 세월 따위가 매우 오래다'라는 뜻의 형용사 '허구하다'의 어간 '허구하-'에 관형사형 어미 '-ㄴ'이 붙은 말로는 '허구한'이 적절하다.

③ 웬지(X) → 왠지(O): '왠지'는 '왜인지'가 줄어든 말이므로, '왠지'로 써야 한다. '웬지'는 잘못된 말이다.

06
정답 ④

정답 해설

놀음(X) → 노름(O): '놀음'은 '도박'의 의미를 가진 단어로 어간의 뜻과 멀어진 단어는 원형을 밝히어 적지 않기 때문에 '노름'으로 표기하는 것이 적절하다.

오답 분석

① 달맞이(O): 어간 '달 + 맞-'에 '-이'가 붙어서 명사가 된 것은 그 어간의 원형을 밝히어 적는 것이 원칙이다.

② 굳이(O): 어간 '굳-'에 '-이'가 붙어서 부사가 된 것은 그 어간의 원형을 밝히어 적는 것이 원칙이다.

③ 귀머거리(O): 어간 '귀 + 먹-'에 '이, 음' 이외의 모음으로 시작된 접미사인 '-어리'가 붙은 경우 그 어간의 원형을 밝히어 적지 않는 것이 원칙이다.

07
정답 ②

정답 해설

바늘질(X) → 바느질(O): '바늘 + -질'이 합쳐진 말로 끝소리가 'ㄹ'인 말과 딴말이 어울릴 적에 'ㄹ' 소리가 나지 아니하는 것은 아니 나는 대로 적는다. 따라서 '바느질'이 올바른 표기이다.

오답 분석

① 다달이(O): '달 + 달 + -이'가 합쳐진 말로 끝소리가 'ㄹ'인 단어가 다른 말과 어울릴 적에 'ㄹ'소리가 나지 아니하는 것은 아니 나는 대로 적는다.

③ 덧니(O): '덧 + 이'가 합쳐진 말로 이(齒)가 합성어나 이에 준하는 말에서 '니'로 소리 날 때에는 '니'로 적는다.

④ 며칠(O): 어원이 분명하지 아니하므로 원형을 밝히어 적지 아니한다.

08
정답 ②

정답 해설

'낚시, 덮개, 많이'는 모두 그 어원이 분명하므로 원형을 밝혀 적는다. '낚시(낚- + -시), 덮개(덮- + -개)는 어간 뒤에 자음으로 시작된 접미사가 붙은 형태이며, '많이(많- + -이)'는 어간 뒤에 접미사 '-이'가 붙어 부사가 된 형태이다.

오답 분석

① '부리나케'는 어원이 분명하지 않아 원형을 밝혀 적지 않는다. '소나무(솔 + 나무)와 '우짖다(울 + 짖다)'는 각각 'ㄹ'인 말과 딴 말이 어울릴 적에 'ㄹ' 소리가 나지 아니하는 것은 아니 나는 대로 적는다는 원칙에 따라 원형을 밝히지 않는다.

③ '업신여기다. 골병. 골탕'은 어원이 분명하지 않아 원형을 밝혀 적지 않는다.

④ '사흗날(사흘 + 날)'은 끝소리가 'ㄹ'인 말과 딴 말이 어울릴 적에 'ㄹ' 소리가 'ㄷ' 소리로 나는 것은 'ㄷ'으로 적는다는 원칙에 따라 원형을 밝히지 않는다. '마소(말 + 소)'는 'ㄹ'인 말과 딴 말이 어울릴 적에 'ㄹ' 소리가 나지 아니하는 것은 아니 나는 대로 적는다는 원칙에 따라 원형을 밝히지 않는다. '할아버지'는 '한(큰) + 아버지가 합쳐진 말로 어원은 분명하나 소리만 특이하게 변화한 경우로, 변한 대로 표기하여 원형이 드러나지 않는다.

09
정답 ②

정답 해설

'찻종(차 + 鍾), 햇수(해 + 數), 탯줄(胎 + 줄)'은 모두 순우리말과 한자어로 된 합성어로서 [차쫑/찬쫑], [해쑤/핻쑤], [태쭐/탣쭐]로 발음되므로 <보기>에 해당하는 단어들로 적절하다.

① '핏기(피 + 氣), 찻잔(차 + 盞)'은 [피끼/핃끼], [차짠/찯짠]으로 발음되므로 <보기>에 해당하는 예시로 적절하다. 다만, '고랫재'는 [고래째/고랜째]로 발음되나 순우리말로 구성된 합성어 중 사이시옷을 사용하는 경우이기 때문에 <보기>의 예시로 적절하지 않다.

③ '전셋집(傳貰 + 집)'은 [전세찝/전섿찝]으로 발음되므로 <보기>에 해당하는 단어로 적절하다. 다만 '두렛일'은 순우리말로 구성된 합성어이며 뒷말의 첫소리가 된소리로 나지 않고, '나룻배'는 [나루빼/나룯빼]로 발음되나 순우리말로 구성된 합성어 중 사이시옷을 사용하는 경우이기 때문에 <보기>의 예시로 적절하지 않다.

④ '냇가 , 나뭇가지 , 귓밥'은 [내까/낻까], [나무까지,나묻까지], [귀빱/귇빱]으로 발음되지만 순우리말로 구성된 합성어 중 사이시옷을 사용하는 경우이기 때문에 <보기>의 예시로 적절하지 않다.

10 정답 ④

정답 해설
그렇찮은(×) → 그렇잖은(○): 어미 '-지' 뒤에 '않-'이 어울려 '-잖-'이 되는 경우에는 준 대로 적는다. '그렇지 않은'은 '-잖-'으로 준말이 적용되는 경우이므로 '그렇잖은'이 적절한 준말 표기이다.

오답분석
① 간편케(○): 어간의 끝음절 '하'의 'ㅏ'가 줄고 'ㅎ'이 다음 음절의 첫소리와 어울려 거센소리가 될 경우 거센소리로 적는다.

② 정결타(○): 어간의 끝음절 '하'의 'ㅏ'가 줄고 'ㅎ'이 다음 음절의 첫소리와 어울려 거센소리가 될 경우 거센소리로 적는다.

③ 거북지(○): '하' 앞의 받침의 소리가 [ㄱ,ㄷ,ㅂ]일 경우 '하'를 통째로 줄여 쓸 수 있다.

11 정답 ①

정답 해설
'솔직히, 각별히, 나른히'는 부사의 끝음절이 '이, 히'로 나는 것으로 이럴 경우 '히'로 작성한다. 따라서 <보기>에 해당되는 단어로 이루어져 있다.

오답분석
② '능히, 당당히'는 부사의 끝음절이 '이, 히'로 나는 것으로 이럴 경우 '히'로 작성하기 때문에 <보기>에 해당하지만, '엄격히'는 부사의 끝음절이 '히'로만 나는 것으로 <보기>의 예시에 해당하지 않는다.

③ '조용히, 간소히'는 부사의 끝음절이 '이, 히'로 나는 것으로 이럴 경우 '히'로 작성하기 때문에 <보기>에 해당하지만, '정확히'는 부사의 끝음절이 '히'로만 나는 것으로 <보기>의 예시에 해당하지 않는다.

④ '도저히, 분명히'는 부사의 끝음절이 '이, 히'로 나는 것으로 이럴 경우 '히'로 작성하기 때문에 <보기>에 해당하지만, '급히'는 부사의 끝음절이 '히'로만 나는 것으로 <보기>의 예시에 해당하지 않는다.

12 정답 ④

정답 해설
'마감'은 동사 '막다'의 어간 '막-'에 접미사 '-암'이 붙어 명사가 된 말로, 명사에 접사가 붙어 된 말이 아니므로 한글 맞춤법 제20항과는 관련이 없다.

① '바둑이'는 명사 '바둑'에 접미사 '-이'가 붙어서 된 말이므로 제20항에 따라 원형을 밝혀 적는다.

② '이파리'는 명사 '잎'에 접미사 '-아리'가 붙어서 된 말이므로 제20항 [붙임]에 따라 원형을 밝혀 적지 않는다.

③ '꼬락서니'는 명사 '꼴'에 접미사 '-악서니'가 붙어서 된 말이므로 제20항 [붙임]에 따라 원형을 밝혀 적지 않는다.

13 정답 ④

정답 해설
'바가지'는 '박(명사) + -아지(접미사)'의 형태로, 품사는 명사이다. 파생 과정에서 품사가 바뀌지 않았으므로 제시된 한글 맞춤법 제19항 규정과는 관련이 없다.

오답분석
①, ②, ③은 모두 어간에 '-이'나 '-음' 이외의 모음으로 시작된 접미사가 붙어서 다른 품사로 바뀌었기 때문에 어간의 원형을 밝히어 적지 않은 것으로 제19항 [붙임]의 예로 적절하다.

① 무덤: 묻-(동사 '묻다'의 어간) + -엄(접미사) → 명사

② 마개: 막-(동사 '막다'의 어간) + -애(접미사) → 명사

③ 너머: 넘-(동사 '넘다'의 어간) + -어(접미사) → 명사

14 정답 ③

정답 해설
• '사랑니'는 '사랑 + 이'가 결합한 합성어로, '사랑니'로 발음되는 것을 그대로 표기에 반영한 것이므로 ㉠에 해당한다.

• '믿음'은 어간 '믿-'에 명사 파생 접미사 '-음'이 결합한 파생어로, [미듬]으로 발음하지만 그 원형을 살려 '믿음'으로 표기한 것이므로 ㉡에 해당한다.

오답분석
① • 무덤: '묻다'의 어간 '묻-'에 명사 파생 접미사 '-엄'이 결합하면서 품사가 바뀜에 따라 원형을 밝히지 않고 발음 나는 대로 표기한 것이므로 ㉠에 해당한다.

• 이파리: 명사 '잎'에 명사 파생 접미사 '-아리'가 결합하면서 발음 나는 대로 표기한 것이므로 ㉠에 해당한다.

② • 흩어지다: '흩다'와 '지다'가 결합하는 과정에서 원형을 살려 표기했으므로 ㉡에 해당한다.

• 쓰러지다: '쓸다'와 '지다'가 결합하는 과정에서 그 뜻이 어원에서 멀어져서 발음 나는 대로 표기한 것이므로 ㉠에 해당한다.

④ • 낮잠: 명사 '낮'과 명사 '잠'이 결합하는 과정에서 원형을 살려 표기했으므로 ㉡에 해당한다.

• 먹이: 어간 '먹-'과 명사 파생 접미사 '-이'가 결합하는 과정에서 원형을 살려 표기했으므로 ㉡에 해당한다.

15

정답 해설
'란(欄)'은 한 음절 한자어 형태소가 한자어 뒤에 결합한 것으로 이런 경우에는 하나의 단어로 인식되지 않아 '가정란(家庭 + 欄)'으로 적어야 한다. 다만, 고유어나 외래어 뒤에 결합하는 경우는 한자어 형태소가 하나의 단어로 인식되므로 두음 법칙이 적용된 형태인 '가십난(gossip + 欄)'으로 적어야 한다.

오답 분석
① 모음이나 'ㄴ' 받침 뒤에 이어지는 '렬, 률'은 '열, 율'로 적는다. 이는 음운 환경에 따라 두음 법칙의 적용이 달라지며 '백분율(百分率)'과 '합격률(合格率)'로 표기하는 것이 올바르다.

② 두음 법칙은 단어의 첫머리에 올 때 적용되므로 '남녀'와 같이 둘째 음절부터는 두음 법칙을 적용하지 않고 본음대로 적는다.

④ 접두사처럼 쓰이는 한자가 붙어서 된 단어는 뒷말을 두음 법칙에 따라 적으므로 '역(逆)'이 결합하여 하나의 단어가 된 단어는 '역리용(逆利用)'이 아니라 '역이용(逆利用)'으로 표기한다.

16

정답 해설
④ • 살코기(○): 단어가 형성될 때 'ㅎ' 소리가 덧나는 것은 소리 나는 대로 적는다. 즉 '살'은 본래 '삻ㅎ'로 'ㅎ'을 지닌 말이었고, 이 'ㅎ'이 단일어에서는 탈락하였지만 복합어에서는 일부 남게 된 것이다. 따라서 '삻ㅎ + 고기'가 결합한 단어는 '살코기'로 표기한다.

• 숟가락(○): 끝소리가 'ㄹ'인 말과 다른 말이 어울릴 적에 'ㄹ' 소리가 'ㄷ' 소리로 나는 것은 'ㄷ'으로 적는데, '술 + 가락'이 결합한 '숟가락'이 이에 해당한다.

오답 분석
① • 나라님(○): 사잇소리 현상에 의한 첨가의 조건이지만 사잇소리 현상이 일어나지 않고 [나라님]으로 발음되므로 사이시옷을 받치어 적지 않는다.

• 머리돌(×) → 머릿돌(○): 순우리말로 된 합성어로 앞말이 모음으로 끝나고 뒷말의 첫소리가 된소리로 나 [머리똘/머릳똘]로 발음되기 때문에 사이시옷을 받쳐 '머릿돌'로 표기해야 한다.

② • 딸국질(×) → 딸꾹질(○): 'ㄴ, ㄹ, ㅁ, ㅇ' 받침 뒤에서 나는 된소리와 같이 한 단어 안에서 뚜렷한 까닭 없이 나는 된소리는 다음 음절의 첫소리를 된소리로 적기 때문에 '딸꾹질'로 표기해야 한다.

• 몹시(○): [몹씨]로 발음되지만, 'ㄱ, ㅂ' 받침 뒤에 연결되는 'ㄱ, ㄷ, ㅂ, ㅅ, ㅈ'은 언제나 된소리로 소리 나므로 이러한 경우는 된소리로 표기하지 않는다.

③ • 걷잡을(○): '걷잡다'의 '걷'은 원래 'ㄷ' 받침을 가지고 있는 경우로 이때는 'ㄷ'으로 적는다.

• 덛저고리(×) → 덧저고리(○): 'ㄷ' 소리로 나는 받침 중에서 'ㄷ'으로 적을 근거가 없는 것은 'ㅅ'으로 적어야 한다. 따라서 '거듭된' 또는 '겹쳐 신거나 입는'의 뜻을 더하는 접두사는 '덧'이므로 '덧저고리로 표기해야 한다.

17

정답 해설
'매우 드물거나 신기하다'의 의미를 가진 단어는 '희한하다'이므로 적절한 표현이 사용되었다.

오답 분석
① 둘 이상에서 하나를 선택한다는 의미를 나타낼 때는 '던지'가 아닌 '든지'를 사용한다. 따라서 '나는 네가 공부를 하든지 말든지 상관 안 써.'가 적절한 표현이다.

② '지금 바로라는 뜻을 가진 단어는 '금세'이다. 따라서 '기분이 안 좋다가도 금세 기분이 좋아졌다.'가 적절한 표현이다. '금새'는 물건의 값을 뜻한다.

③ 동사 '설레다'의 명사 활용형은 '설렘'이다. 따라서 '이런 설렘은 오랜만에 느껴보는 것 같아.'가 적절한 표현이다.

18

정답 해설
두음 법칙은 'ㅣ, ㅑ, ㅕ, ㅛ, ㅠ' 앞에서의 'ㄴ'이 탈락하는 것이므로 '년이율'이 아닌 '연이율'로 표기하는 것이 적절하다.

오답 분석
① 접두사처럼 쓰이는 한자어가 붙어서 된 말은 뒷말의 첫소리가 'ㄴ, ㄹ'로 나더라도 두음법칙이 적용되지 않아 소리 나는 대로 적는다. 따라서 '등용문(登 + 龍門)'은 적절하게 사용되었다.

③ 단어 첫머리가 아닌 경우에는 두음 법칙이 적용되지 않으므로 '분열'은 적절하게 사용되었다.

④ 의존명사 '량'은 앞말과 연결되어 하나의 단위를 구성하므로 두음 법칙의 적용을 받지 않는다. 따라서 '역량'은 적절하게 사용되었다.

19

정답 해설
'안팎'은 '안ㅎ밖'으로 'ㅎ'소리가 덧나서 소리대로 적은 경우에 해당한다. 따라서 어원이 분명하지 않아 밝히지 아니하였다는 설명은 적절하지 않다.

오답 분석
① '햅쌀'은 한글 맞춤법 제31항에 따라 두 말이 어울릴 적에 'ㅂ' 소리가 덧나는 것을 소리대로 적은 경우에 해당한다.

② '수캐'는 '수ㅎ개'로 한글 맞춤법 제31항에 따라 '수캐'로 표기한다.

④ '수고양이'는 표준어 규정 제7항에 의해서 'ㅎ' 소리가 덧나지 않아 '수코양이'라고 표기하지 않는다.

20

정답 해설

'베갯잇'은 한글 맞춤법 제30항에 따라 뒷말의 첫소리 모음 앞에서 'ㄴㄴ' 소리가 덧나므로 사이시옷을 사용하여 표기해야 한다. 따라서 '베갯잇'으로 고쳐야 한다.

오답 분석

① '텃마당'은 한글 맞춤법 제30항에 따라 뒷말의 첫소리 'ㅁ' 앞에서 'ㄴ' 소리가 덧나므로 사이시옷을 받치어 표기해야 한다.

② '찻잔'은 순우리말과 한자어의 합성어로 뒷말의 첫소리가 된소리로 발음된다. 따라서 사이시옷을 사용하여 '찻잔'이라고 표기하는 것이 적절하다.

③ '횟수'는 '돌아오는 차례의 수효'를 이르는 말로, 한자어의 경우 다음의 여섯 가지는 사이시옷을 받쳐 적는다. '곳간(庫間), 셋방(貰房), 숫자(數字), 찻간(車間), 툇간(退間), 횟수(回數)'가 그것이다. 따라서 '횟수'로 사이시옷을 받쳐 적는다.

필수 기출 문제

p. 48

01	02	03	04	05
②	④	④	②	②
06	**07**	**08**	**09**	**10**
②	①	④	②	①
11				
①				

01

정답 해설

㉠ 무정타(O): 어간의 끝음절 '하'가 줄어드는 경우, '하' 앞에 울림소리가 있는 경우 '하'의 'ㅏ'가 줄고 'ㅎ'이 다음 음절의 첫소리와 어울려 거센소리로 될 적에는 거센소리로 적는다는 조항에 의해 '무정하다'는 '무정타'로 표기한다.

㉢ 선발토록(O): 어간의 끝음절 '하'가 줄어드는 경우, '하' 앞에 울림소리가 있는 경우 '하'의 'ㅏ'가 줄고 'ㅎ'이 다음 음절의 첫소리와 어울려 거센소리로 될 적에는 거센소리로 적는다는 조항에 의해 '선발하도록'은 '선발토록'으로 표기한다.

오답 분석

㉡ 섭섭치(x) → 섭섭지(O): 어간의 끝음절 '하'가 줄어드는 경우, '하' 앞에 안울림소리가 있는 경우 '하'가 아주 줄 적에는 준대로 적는다는 조항에 따라 '섭섭하지'는 '섭섭지'로 표기한다.

㉣ 생각컨대(x) → 생각건대(O): 어간의 끝음절 '하'가 줄어드는 경우, '하' 앞에 안울림소리가 있는 경우 '하'가 아주 줄 적에는 준대로 적는다는 조항에 따라 '생각하건대'는 '생각건대'로 표기한다.

02

정답 해설

'으레'는 모음이 단순화한 형태를 표준어로 삼는다는 조항에 의해 '으레'로 표기한다.

오답 분석

① 수염소(x) → 숫염소(O): 수컷을 이르는 접두사는 '수'로 적음을 원칙으로 하지만 '숫양, 숫염소, 숫쥐'는 '숫-'으로 적는다.

② 윗층(x) → 위층(O): '윗'은 '윗'으로 표기함을 원칙으로 하지만 뒤에 거센소리나 된소리 단어와 결합하는 경우에는 '위'로 적는다.

③ 아지랭이(x) → 아지랑이(O): '아지랑이'는 'ㅣ' 모음 역행동화가 일어나는 단어가 아니기 때문에 '아지랑이'로 적는다.

03

정답 해설

걷잡아서(x) → 겉잡아서(O): '걷잡다'는 '한 방향으로 치우쳐 흘러가는 형세 따위를 붙들어 잡다'의 의미로 제시된 문장에서는 부적절한 표현이다. '겉으로 보고 대강 짐작하여 헤아리다'의 의미인 '겉잡다'를 사용하는 것이 적절하다.

오답 분석

① '힘에 부치다'와 같이 '모자라거나 미치지 못하다'의 의미하는 말은 '부 치다'로 표기한다.

② '사람끼리 서로 아는 일'을 의미하는 말은 '알음'으로 표기한다.

③ '대문이 닫히다'는 '대문이' 스스로 '닫은' 것이 아니라 '열린 문짝 뚜껑 서랍 따위가 도로 제자리로 가 막히다'를 의미하기 때문에 '닫다'의 피 동사인 '닫히다'로 표기해야 한다.

04
정답 ②

정답 해설

아니오(×) → 아니요(○): '아니오'에서 '-오'는 하오체의 종결 어미이므로 문장의 끝에서만 쓸 수 있다. 어떤 사물이나 사실 등을 열거할 때는 연결 어미인 '-요'를 써야 한다.

오답 분석

① 체육관이요(○): '이요'는 서술격 조사 '이다'의 어간 '이-'와 어떤 사물이 나 사실 등을 열거할 때 쓰이는 연결 어미 '-요'가 결합한 것으로, 여러 대상을 열거할 때 쓸 수 있는 적절한 표현이다.

③④ 오시오/아니오(○): '-오'는 종결 어미이므로, 문장의 끝에서 사용 한다. 이때 종결 어미 '-오'는 [요]로 소리 나더라도 원형을 밝혀 '오'로 적는다.

05
정답 ②

정답 해설

오면가면(○): '오면가면'은 '오면서 가면서'라는 뜻의 부사로 맞춤법에 맞 게 쓰였다. '오명가명'은 자음 동화가 일어나 만들어진 방언으로 맞춤법에 맞지 않는 표현이다.

오답 분석

① 푼푼이(×) → 푼푼히(○): 'ㅅ' 받침을 제외하고 '-하다'가 붙는 어근에는 부사 파생 접미사 '-히'가 붙는다. '푼푼하다'는 '모자람이 없이 넉넉하다' 라는 뜻의 형용사로, '푼푼'은 '-하다'가 붙는 어근이다. 참고로 '푼푼이' 는 '한 푼씩 한 푼씩'이라는 뜻의 부사이다.

③ 낫가리(×) → 낟가리(○): '낟알이 붙은 곡식을 그대로 쌓은 더미'라는 뜻의 단어는 '낟가리'로, 원래부터 'ㄷ' 받침을 가지고 있는 단어에 해당 한다. 따라서 'ㄷ' 받침으로 적을 근거가 있는 것으로 보아, '낟가리'로 적 는다.

④ 언다가(×) → 얻다가(○): '얻다가'는 '어디에다가'의 준말로, 본말이 줄어 들 때 'ㄷ' 받침을 가지게 된 경우에 해당하므로, 받침을 'ㄷ'으로 적는다.

06
정답 ②

정답 해설

장단지(×) → 장딴지(○): '종아리의 살이 불룩한 부분'이라는 뜻의 단어는 '장딴지'이다.

오답 분석

① 맨날(○): '맨날'은 '매일같이 계속하여서'라는 뜻의 표준어로, 과거에는 '만날'의 방언으로 분류되었으나 2011년부터 복수 표준어로 인정되었다.

③ 짜장면(○): '짜장면'은 고기와 채소를 넣어 볶은 중국 된장에 국수를 비 벼 먹는 중국요리의 하나로, 과거에는 '자장면'의 비표준어로 분류되었 으나 2011년부터 복수 표준어로 인정되었다.

④ 개발새발(○): '개발새발'은 '개의 발과 새의 발'이라는 뜻으로, 글씨를 되는대로 아무렇게나 써 놓은 모양을 이르는 말이다. 과거에는 '괴발 개발'의 비표준어로 분류되었으나 2011부터 별도 표준어로 인정되 었다.

07
정답 ①

정답 해설

먹거리(○): '사람이 살아가기 위하여 먹는 온갖 것'을 뜻하는 말로, '먹다' 의 어간 '먹-'에 '내용이 될 만한 재료'를 뜻하는 의존 명사 '거리'가 결합하 여 만들어진 표준어이다.

오답 분석

② 깎두기(×) → 깍두기(○): '깍두기'의 어원은 '싹둑이'로, 동사 '깎다'와는 관련이 없는 단어이다. 따라서 '깎두기'라고 적지 않는다.

③ 닥달(×) → 닦달(○): '남을 단단히 윽박질러서 혼을 냄'이라는 뜻의 단 어는 '닦달'로, '닥달'처럼 'ㄱ' 받침으로 적으면 안 된다.

④ 넓다란(×) → 널따란(○): '넓-'과 같은 용언의 어간 뒤에 자음으로 시작된 접미사가 붙으면 접미사의 원형을 밝혀 적는 것이 원칙이지만, '널따란' 과 같이 겹받침의 끝소리가 드러나지 않는 것은 소리 나는 대로 적는다.

08
정답 ④

정답 해설

끼이는(○): '끼이다'는 '끼다'의 피동사로, '벌어진 사이에 들어가 죄이고 빠 지지 않게 되다'라는 뜻의 표준어이다. 따라서 '끼이다'의 어간에 관형사형 어미 '-는'이 결합된 '끼이는' 역시 맞춤법에 맞는 표현이다.

오답 분석

① 되뇌이는(×) → 되뇌는(○): '같은 말을 되풀이하여 말하다'라는 뜻의 단 어는 '되뇌다'로, '되뇌이다'로 쓰는 경우가 많지만 '되뇌다'만을 표준어 로 삼는다.

② 헤매이고(×) → 헤매고(○): '갈 바를 몰라 이리저리 돌아다니다'라는 뜻 의 단어는 '헤매다'로, '헤메이다'는 발음상의 편의 때문에 필요 없는 '- 이-'가 들어간 잘못된 표현이다. 비슷한 예시로 '설레다'를 '설레이다'로 잘못 말하는 것을 들 수 있다.

③ 메이기(×) → 메기(○): '뚫려 있거나 비어 있는 곳이 막히거나 채워지 다'라는 뜻의 단어는 '메다'이다.

09
정답 ②

정답 해설

'-(으)려고 하여야'가 줄어든 어미는 '-(으)려야'로, '-ㄹ래야'는 비표준어이다. 따라서 '읽으려야'만 알맞은 표현이며, '읽을래야'는 잘못된 표현이다.

오답 분석

① '반죽이나 밥, 떡 따위가 퍽퍽하지 않고 끈기가 많다'라는 뜻의 낱말은 '차지다'이며, 이는 원말인 '찰+지다'에서 'ㄹ'이 탈락된 형태로 굳어진 표준어이다. 과거에는 '차지다'만 표준어로 인정되었으나, 2015년부터 원말인 '찰지다'도 복수 표준어로 인정되었다.

③ 2015년부터 'ㅎ' 불규칙 용언 뒤에 '-네'가 결합하는 경우, 'ㅎ'이 탈락하지 않는 형태도 복수 표준어로 인정하고 있다. 따라서 '노랗네'와 '노라네' 모두 옳은 표현이다.

④ '주책없다'와 '주책이다'는 모두 '일정한 줏대가 없이 이랬다저랬다 하며 실없다.'라는 뜻의 단어이다. 원래 '주책'은 한자어 '주착(主着)'에서 온 말로 '줏대가 있고 자기 주관이 뚜렷해 흔들림이 없다'라는 뜻으로, 부정적인 맥락에서는 '주책없다'라고 해야 옳지만 '주책이다'라는 표현이 널리 쓰이면서 2016년부터 '주책없다'와 같은 뜻의 복수 표준어로 인정되었다.

10
정답 ①

정답 해설

플룻(x) → 플루트(O)

11
정답 ①

정답 해설

외래어 표기가 옳은 것은 '심포지엄'이다.

오답 분석

② 바리케이트(x) → 바리케이드(O)

③ 컨셉트(x) → 콘셉트(O)

④ 컨텐츠(x) → 콘텐츠(O)

적중 예상문제
p. 50

01	02	03	04	05
③	④	③	①	④
06	07	08	09	10
②	④	①	③	②
11	12	13	14	15
①	③	④	④	④
16	17	18	19	20
②	③	②	③	④

01
정답 ③

정답 해설

<보기>는 의미가 중복되는 단어를 활용하여 표현이 잘못된 경우에 해당한다. '근교'는 '도시의 가까운 변두리에 있는 마을이나 들'로, 이미 '가까운'의 의미를 가지고 있으므로 의미의 중복이 일어난 문장이다.

③의 '표출'은 '겉으로 나타냄'으로, '겉'과 의미가 중복되었으므로 <보기>와 같은 유형의 비문에 해당한다.

오답 분석

① '출구'는 '밖으로 나갈 수 있는 통로'로 의미가 중복되지 않는다. 따라서 해당 문장은 적절하게 쓰였다.

② 목적어가 두 개인 경우에는 각 목적어에 호응하는 서술어를 사용해야 한다. '밥'은 '먹는다'의 서술어와, '커피'는 '마시다'의 서술어와 호응되어야 하므로 '나는 아침으로 밥을 먹고 커피를 마셨다.'라고 해야 한다.

④ 지위나 신분 또는 자격을 나타낼 때는 '으로서'를 쓰는 것이 올바르다. 따라서 '선생님으로서의 책임'이라고 해야 한다. '으로써'는 어떤 일의 수단이나 도구를 나타낼 때 쓴다.

02
정답 ④

정답 해설

'예습'은 '앞으로 배울 것을 미리 익힘'이라는 뜻으로 다른 단어와 의미가 중복되지 않는다.

오답 분석

① '신제품'은 '새로 만든 물건'이라는 뜻으로, '새로운'과 의미가 중복되었으므로 '새로운'을 삭제해야 한다.

② '예매'는 '물건을 받기 전에 미리 값을 치르고 사 둠'이라는 뜻으로, '미리'와 의미가 중복되었으므로 '미리'를 삭제해야 한다.

③ '수재'는 '특별히 빼어난 재주나 재질'이라는 뜻으로 '빼어난'과 의미가 중복되었으므로 '빼어난'을 삭제해야 한다.

03

정답 해설

'시범하다'는 '모범을 보이다'의 의미를 가지고 있으므로 '시범하였다'라고 사용하는 것은 적절하다.

오답 분석

① '요약하다'는 '말이나 글의 요점을 잡아서 간추리다'라는 뜻으로 '간단히'와 의미가 중복되었으므로 '간단히'를 삭제해야 한다.

② '고온'은 '높은 온도'라는 뜻으로, '높은'과 의미가 중복되었으므로 '높은'을 삭제해야 한다.

④ '과반수'는 '절반이 넘는 수'라는 뜻으로 '넘었다'와 의미가 중복되었으므로 '넘었다'를 삭제하고 '과반수이다'로 고쳐 써야 한다.

04

정답 해설

듣는 이에 대한 높임의 표현이 적절하게 실현되었다. '감사드리다'는 아랫사람이 윗사람에게 그 사람을 높여 고마움을 표하는 말이다.

오답 분석

② 주어 '장관들의 의견은'과 서술어 '모았다'가 호응하지 않으므로, 주어를 '장관들은'으로 고쳐 써야 한다.

③ '표출'은 '겉으로 나타냄'으로 '밖'과 의미가 중복되었으므로 '밖'을 삭제해야 한다.

④ '결정되어져야'는 이중 피동 표현이므로 '결정되어야'로 고쳐 써야 한다.

05

정답 해설

<보기>는 부사어와 서술어가 호응하지 않는 문장으로, '결코'는 '~해서는 안 된다'와 호응해야 한다. 해당 문장에서는 부사어 '결코'와 서술어 '금지한다.'가 호응하지 않으므로, 서술어를 '피워서는 안 된다'로 고쳐 써야 한다.

④의 '비록'은 '~일지라도'의 서술어와 서로 호응해야 한다. 해당 문장에서는 부사어 '비록'과 서술어 '~일 뿐이지만'이 호응하지 않으므로, 서술어를 가정의 형태인 '~일지라도'로 고쳐 써야 한다.

오답 분석

① 주어 '나'와 서술어 '감정이었다'가 호응하지 않으므로, 서술어를 '감정에 사로잡혔다'로 고쳐 써야 한다.

② '오시다'의 주체인 '너'는 높임의 대상이 아니므로 '-시-'를 빼고 '오다'로 써야 한다. 따라서 '오라고 하신다'로 수정하여, '하다'의 주체인 선생님을 높여야 한다.

③ 시제가 바르지 않은 문장이다. '났었다'의 시제가 과거이므로 '난다'로 고쳐 써야 한다.

06

정답 해설

주어 '기술'은 사람이 아니기 때문에 서술어 '초보자이다'와 호응하지 않는다. 따라서 서술어를 '초보이다'로 고쳐 써야 한다.

오답 분석

① 목적어 '문제점을'과 서술어 '예방해 줄 것이다'가 호응하지 않으므로, 서술어를 '개선해 줄 것이다'로 고쳐 써야 한다.

③ '토론'은 '어떤 문제에 대하여 여러 사람이 각각 의견을 말하여 논의함'으로 '대화'와 의미가 중복되었다.

④ 부사어 '지난주'와 서술어 '제출한다'의 시제가 일치하지 않으므로 서술어를 과거형인 '제출했다'로 고쳐 써야 한다.

07

정답 해설

'자각하다'는 '현실을 판단하여 자기의 입장이나 능력 따위를 스스로 깨닫다'로 다른 단어와 의미가 중복되지 않는다.

오답 분석

① '상의'는 '어떤 일을 서로 의논함'으로 '서로'와 의미가 중복되었으므로 '서로'를 삭제해야 한다.

② '양분'은 '둘로 가르거나 나눔'으로 '둘'과 의미가 중복되었으므로 '둘'을 삭제해야 한다.

③ '요약하다'는 '말이나 글의 요점을 잡아서 간추리다'로 '간단히'와 의미가 중복되었으므로 '간단히'를 삭제해야 한다.

08

정답 해설

주어 '제 목표는'과 서술어 ' 잘 지내고 싶습니다'가 호응하지 않으므로 서술어를 '잘 지내는 것입니다'로 고쳐 써야 한다.

오답 분석

② 부사어 '모름지기'와 서술어 '먹는다'가 호응하지 않으므로 서술어를 당위의 형태인 '먹어야 한다'로 고쳐 써야 한다.

③ 부사어 '과연'과 서술어 '다르구나'가 호응하는 올바른 문장이다.

④ 조사의 사용이 적절하지 않으므로 '게을러서'를 '게으르지만'으로 고쳐 써야 한다.

09

정답 해설

'정부'는 무정 명사이므로 조사 '에'가 적절하며, '에게'는 사용할 수 없다.

오답 분석

① '주최측'은 무정 명사이므로 조사 '에'가 적절하며, '에게'는 사용할 수 없다.

② '일본'은 무정 명사이므로 조사 '에'가 적절하며, '에게'는 사용할 수 없다.

④ '있다'와 조사가 서로 호응해야 하며, '그녀'는 유정 명사이므로 '에게'는 적절하게 사용된 조사이다.

10
정답 ②

정답 해설
'할머니의 강아지'는 높임의 대상인 '할머니'의 일부가 아니므로 간접 높임법을 사용하지 않는다. 따라서 주체 높임 선어말 어미 '-시-'를 삭제하여 '할머니의 강아지가 얌전히 앉아 있다.'로 수정해야 한다.

오답 분석
① 높임의 대상인 '아버지'를 높이기 위해 '하오체'를 사용한 상대 높임과 특수 어휘 '잡수다'를 사용한 주체 높임이 쓰인 올바른 문장이다.
③ 높임의 대상인 '고객님'을 높이기 위해 조사 '께서'와 주체 높임 선어말 어미 '-시-'를 사용한 주체 높임이 나타나는 올바른 문장이다.
④ 높임의 대상인 '어머니'를 높이기 위해 조사 '께'를 사용한 객체 높임이 나타나는 올바른 문장이다.

11
정답 ①

정답 해설
부사어인 '사장님'이 높여야 하는 대상이므로 '하다'를 객체 높임 특수 어휘인 '드리다'로 수정하고, '말'을 자신의 말을 낮추어 이르는 말인 '말씀'으로 수정해야 한다. 따라서 객체 높임법을 사용하여 '말할'을 '말씀 드릴'로 고쳐 써야 한다.

오답 분석
② 조사 '께서'와 주체 높임 특수 어휘 '잡수다'를 사용하여 주어인 '할머니'를 높이는 주체 높임이 나타나는 올바른 문장이다.
③ 조사 '께서'를 사용하여 주어인 '선생님'을 높이는 주체 높임이 나타나고, '하십시오체'를 사용한 상대 높임이 나타나는 올바른 문장이다.
④ '말씀'은 자신의 말을 낮추어 말할 때도 사용하기 때문에 올바른 문장이다.

12
정답 ③

정답 해설
'잠궈라'는 용언의 어간 '잠그-'에 '-우-', '-어라'가 결합된 이중 사동 표현으로 '잠가라'로 수정하는 것이 적절하다.

오답 분석
① '울다'의 용언에 '-게 하다'가 결합된 사동문으로, 적절하게 사용되었다.
② '띄웠다'는 용언의 어간 '뜨-'에 '-이우-'의 이중 접사가 결합된 사동 표현으로 적절하게 사용되었다. 참고로 이중 사동은 사용하지 않는 것이 원칙이지만, '띄우다, 세우다, 태우다'와 같은 단어들은 이중 사동을 사용하는 것이 허용된다.
④ 용언의 어간 '먹-'에 '-게 하다'가 결합된 사동문으로, 적절한 사동 표현이 사용되었다.

13
정답 ④

정답 해설
'각각'의 어휘를 통해서 '나는 현호를 만났다.'와 '나는 아현이를 만났다.'로 구분되어 중의성이 해소되었다.

오답 분석
① '말'이 '음성 기호인 말'인지 '동물인 말'인지 명확하지 않아 중의적으로 해석된다.
② '몇 문제'만 빼고 나머지 문제들은 모두 풀었다는 것인지, '몇 문제'만을 풀고 다른 문제들은 모두 풀지 못했다는 것인지 명확하지 않아 중의적으로 해석된다.
③ '양말을 신고 있는 동작을 하는 것'인지 '양말을 이미 신고 있는 상태'인지 명확하지 않아 중의적으로 해석된다.

14
정답 ④

정답 해설
'학교에는 가지 않았다'는 보조사 '는'을 통해 부정의 범위를 한정하여 그녀가 간 곳은 학교가 아니라는 의미이기 때문에 중의적 표현이 아니다. '학교에 가지 않았다'로 표현하면 중의적인 문장이 된다.

오답 분석
① '일부 문제를 틀린 것'인지 '모든 문제를 틀린 것'인지 명확하지 않아 중의적으로 해석된다.
② '나를 보고 싶어 하는 친구들'인지 '내가 보고 싶어 하는 친구들'인지 명확하지 않아 중의적으로 해석된다.
③ '그 여자아이가 여우처럼 생겼다'인지 '그 여자아이는 여우처럼 교활하다'인지 명확하지 않아 중의적으로 해석된다.

15
정답 ④

정답 해설
'여간'은 부정의 서술어와 호응해야 한다. 따라서 서술어 '아니었다'와 올바르게 호응하고 있다.

오답 분석
① 부사어 '기필코'는 '~하고 말 것이다'와 같은 성분과 함께 사용되어야 한다. 따라서 서술어 '일등이다'를 '일등을 하고 말 것이다'로 고쳐 써야 한다.
② 주어 '중요한 것은'과 '아니다'가 호응하지 않으므로 '아니라는 것이다'로 고쳐 써야 한다.
③ 주어 '바람'과 호응하는 서술어가 없으므로 '바람이 불고 천둥이 치는 날씨이다'로 고쳐 써야 한다.

16
정답 ②

정답 해설
㉠ 우리는 남에게 속기도 하고 남을 속이기도 한다.(○): 부사어가 생략되어 있어 고쳐 쓴 것이다. '속다'는 부사어를 필요로 하고, '속이다'는 목적어를 필요로 하므로, '속다'의 부사어인 '남에게'를 밝혀 적어야 한다.
㉣ 남편은 내가 야구를 좋아하는 것보다 더 야구를 좋아한다.(○): 중의성이 해소된 문장으로, '남편은 나보다 야구를 더 좋아한다.'가 되면 '남편이 나를 좋아하는 것보다 야구를 더 좋아한다.'와 '내가 야구를 좋아하는 것보다 더 야구를 좋아한다.'로 중의적으로 해석된다.

오답 분석

ⓒ 분명해야 <u>한다</u>(×) → 분명해야 <u>한다는 것이다</u>(○): '중요한 점'이라는 주어와 호응하려면 서술어는 '~것이다'의 형태로 고쳐 써야 한다. '분명하다'와 '확실하다'는 뜻이 비슷한 단어이다.

ⓒ <u>문제였다</u>(×) → <u>문제가 아니었다</u>(○): '비단'은 부정하는 말 앞에서 '다만' 또는 '오직'의 뜻으로 쓰이는 부사이므로, 서술어를 부정하는 말로 고쳐 써야 한다.

17 정답 ③

정답 해설

'상의하다'는 '어떤 일을 서로 의논하다'라는 뜻의 동사이므로, 부사어에 조사 '에게' 대신 '와'를 붙여야 한다. 따라서 <보기 2>은 조사가 잘못 사용된 예이며, '약을 먹을 때는 반드시 약사와 상의하십시오.'로 고쳐 써야 한다.

오답 분석

① 문장의 필수 성분이 다 갖추어져 있기 때문에 적절하지 않다.

② 불필요한 의미 중복 표현이 없기 때문에 적절하지 않다.

④ 어미가 적절하게 사용되었기 때문에 적절하지 않다.

18 정답 ②

정답 해설

'벼룩시장'은 '온갖 중고품을 팔고 사는 만물 시장'이라는 뜻의 명사로, '마다'나 '열리다'와 의미가 중복되지 않는다.

오답 분석

① '예고하다'는 '미리 알리다'라는 뜻의 동사로, '미리'와 의미가 중복되었으므로 '미리'를 삭제해야 한다.

③ '신작로'는 '새로 만든 길'이라는 뜻의 명사로, '새로'와 의미가 중복되었으므로 '새로'를 삭제해야 한다.

④ '환기하다'는 '탁한 공기를 맑은 공기로 바꾸다'라는 뜻의 동사로, '공기'와 의미가 중복되었으므로 '공기'를 삭제해야 한다.

19 정답 ③

정답 해설

'가방'과 호응하는 서술어가 생략된 경우로 ⓔ에 해당한다. 따라서 '그는 새로 산 가방을 메고 바지를 입었다.'로 고쳐 써야 한다.

오답 분석

① 서술어 '태어나다'에 호응하는 주어가 없다. 따라서 '이 동네는 내가 태어난 곳은 아니다' 등으로 고쳐 써야 한다.

② '설마'는 의문 표현과 호응하는 부사어이므로, '설마 영수가 밥을 먹었니?' 등으로 고쳐 써야 한다.

④ '춤'과 호응하는 서술어가 생략되어 있다. 따라서 '아이들이 춤을 추고 노래를 부르고 있다'로 고쳐 써야 한다.

20 정답 ④

정답 해설

'나는 행복을 가장 좋아하는 단어로 꼽았다'와 '동생은 사랑을 가장 좋아하는 단어로 꼽았다'가 이어진 문장으로, 이어진 문장에서 앞 문장의 서술부와 뒤 문장의 서술부가 동일할 때에는 앞 문장의 서술부를 생략할 수 있다. 따라서 '가장 좋아하는 단어로 꼽았다.'라는 서술부가 동일하게 쓰이므로 앞 문장의 서술부를 생략한 것이다.

오답 분석

① 용언 어간의 받침 'ㄹ'이 'ㄴ', 'ㅂ', 'ㅅ'으로 시작하는 어미나, 어미 '- 오', '- ㄹ' 등 앞에서 나타나지 않으면 나타나지 않는 대로 적는다. 따라서 어간 '날-'에 어미 '-는'이 붙어 'ㄹ' 받침이 탈락하여 '나는'으로 표기하는 것이 적절하다.

② '웃으면서'의 주체가 '나'인지 '그 사람'인지 의미가 명확하지 않아 중의적으로 해석되는 문장이다.

③ '실망시키다'는 '목적어'를 필요로 하고, '실망하다'는 '부사어'를 필요로 하므로, '실망하다'의 필수적 부사어인 '부모에게'를 밝혀 적어야 한다.

01	02	03	04	05
①	③	③	④	①
06	**07**	**08**		
④	①	③		

01

정답 ①

정답 해설

날이 선선해지니 역시 책이 잘 읽힌다(O): 부사어 '역시'와 서술어 '잘 읽힌다'가 알맞게 호응하고 있으며, '책이 잘 읽힌다'는 '(내가) 책을 잘 읽는다'를 피동문으로 바꾸어 쓴 형태로 피동사 '읽히다'가 적절하게 쓰였다.

오답 분석

② 어려운 책을 속독으로 읽는 것은(x) → 어려운 책을 속독하는 것은/어려운 책을 빠르게 읽는 것은(O): '속독(速讀)'은 '책 따위를 빠른 속도로 읽음'이라는 뜻의 낱말로 '속독으로 읽는다'는 '읽다라는 뜻이 중복되어 나타난 표현이다. 따라서 '속독하다' 또는 '빠르게 읽는'로 고쳐 써야 한다.

③ 책임자가 되기보다는 직접 찾기로(x) → 책임자가 되기보다는 책임자를 직접 찾기로(O): '찾다'는 주어와 목적어를 필요로 하는 두 자리 서술어로, 이 문장에서는 '찾다'의 목적어가 생략되어 있다. 따라서 적절한 목적어인 '책임자를'을 넣어 고쳐 써야 한다. 앞 절의 '책임자가'는 '되다'에 대응하는 주어로, 뒤 절의 목적어가 될 수 없다.

④ 시화전을 홍보하는 일과 시화전의 진행에(x) → 시화전을 홍보하는 일과 (시화전을) 진행하는 일에/시화전의 홍보와 (시화전의) 진행에(O): '과'는 같은 자격의 말을 이어 주는 접속 조사이므로, '과'를 기준으로 앞과 뒤에 오는 낱말의 자격이 같아야 한다. 따라서 '홍보'와 '진행'으로 맞추어 쓰거나 '홍보하는 일'과 '진행하는 일'로 맞추어 써야 한다.

02

정답 ③

정답 해설

문장 안에서 의미가 중복되는 낱말이 없다.

오답 분석

① 투고한 원고(x) → 보낸 원고(O): '투고하다'는 '의뢰를 받지 아니한 사람이 신문이나 잡지 따위에 실어 달라고 원고를 써서 보내다'라는 뜻의 단어로, '투고한 원고'에서 '원고'라는 의미가 중복되어 나타난다. 따라서 '보낸 원고'로 고쳐 써야 한다.

② 길거리를 도보로 걸었다(x) → 길거리를 걸었다(O): '도보'는 '탈것을 타지 않고 걸어감'이라는 뜻의 단어로, '도보로 걷다'에서는 '걷다'라는 의미가 중복되어 나타난다. 따라서 '도보'라는 단어를 삭제하고, '길거리를 걸었다'라고 고쳐 써야 한다.

④ 버스 안에 탄 승객은 우리와 자매결연을 맺은 분들(x) → 버스 안에 탄 손님은/버스 승객은 우리와 자매결연을 한 분들(O): '승객'은 '차, 배, 비행기 따위의 탈 것에 타는 손님'이라는 뜻의 단어로, '탄 손님'에서 '타다'라는 의미가 중복되어 나타난다. 따라서 '버스에 탄 손님' 또는 '버스 승객'으로 고쳐 써야 한다. 또한 '자매결연'은 주로 '한 지역이나 단체가 다른 지역이나 단체와 서로 돕거나 교류하기 위하여 친선 관계를 맺는 일'을 가리키는 단어로, 의미 중복을 피하기 위해 '자매결연을 맺다'를 '자매결연을 하다'로 고쳐 써야 한다.

03

정답 ④

정답 해설

'납부'는 '세금이나 공과금 등을 관계 기관에 냄'이라는 뜻의 낱말로, 공과금을 지정된 기관에 내야 한다는 (라)의 상황에서는 '납부'라는 어휘를 쓰는 것이 적절하다. '수납'은 이와 반대로 '돈이나 물품 등을 거두어들임'을 뜻하므로 (라)의 상황에서 사용하기에 적절하지 않은 단어이다.

오답 분석

① 있었다(x) → 있다(O): 부사 '현재'는 발화시와 사건시가 일치함을 의미하므로 '현재'와 과거 시제 선어말 어미 '-었-'이 동시에 쓰일 수 없다. 따라서 과거 시제 선어말 어미 '-었-'을 삭제하고, '있다'로 고쳐 써야 한다.

② 지양(x) → 지향(O): '지양(止揚)'은 '더 높은 단계로 오르기 위하여 어떠한 것을 하지 않음'이라는 뜻으로 부정적인 맥락에서 주로 쓰이고, '지향(志向)'은 '어떤 목표로 뜻이 쏠리어 향함'이라는 뜻의 단어로 긍정적인 맥락에서 주로 쓰인다. (나)는 시청이 행복한 도시를 실현하기 위해 추진 방향을 논의하고 있는 상황이므로, 문맥상 '지향'을 써야 한다.

③ 수해로 인한(x) → 수해로 인하여(O): '지난달 수해'는 '준비 기간이 짧았다'의 원인이 되므로, 까닭이나 근거를 나타내는 연결 어미 '-여'를 사용하는 것이 적절하다. 따라서 '인한'을 '인하여'로 고쳐 써야 한다.

04

정답 ④

정답 해설

그는 ~ 말을 하였다(O): 주어 '그는'과 서술어 '하였다', 그리고 목적어 '말을'과 서술어 '하였다'의 호응이 모두 적절한 문장이다.

오답 분석

① 강조하고 싶은 점은 ~ 가졌다(x) → 강조하고 싶은 점은 ~ 가졌다는 것이다(O): 주어 '점은'과 서술어 '가졌다'의 호응이 적절하지 않다. 이때 '여러 속성 가운데 어느 부분이나 요소를 나타내는 '점은 '것'과 바꾸어 쓸 수 있으므로, 주로 문장의 호응을 맞추어 '점은 ~ 것이다'로 표현한다.

② 함께한 일은 즐거운 시간이었다(x) → 함께한 시간은 즐거웠다(O): 주어 '일은'과 서술어 '시간이었다'의 호응이 적절하지 않다. 서술어 '즐거웠다'에 호응하는 주어는 함께 보낸 '시간'이므로, '함께한 시간은 즐거웠다'로 고쳐 써야 한다.

③ 내 생각은 ~ 좋겠다고 결정했다(x) → 나는 ~ 좋겠다고 결정했다(O): 주어 '내 생각은'과 서술어 '결정했다'의 호응이 적절하지 않다. 서술어 '결정했다'에 대응하는 주체는 '나'이므로 주어를 '나는'으로 고쳐 써야 한다.

05

정답 해설

가능한 한 빨리(O): 형용사 '가능하다'의 어간에 관형사형 어미 '-ㄴ'이 결합한 관형어 '가능한'이 조건의 뜻을 나타내는 명사 '한'을 수식하고 있으므로 어법에 맞는 문장이다.

오답 분석

② 근거 없는 낭설(×) → 낭설(O): '낭설'은 '터무니없는 헛소문'이라는 뜻의 단어로, '근거 없는 낭설'에서 '근거 없다'라는 의미가 중복되고 있으므로, '근거 없는'을 삭제해야 한다.

③ 이야기는 ~ 극복하길 바란다(×) → 이야기는 ~ 극복하길 바란다는 것이다(O): 주어 '이야기'와 서술어 '바란다'의 호응이 적절하지 않다. 주어와 서술어가 적절하게 호응되도록 서술어를 '~것이다'의 형태로 고쳐 써야 한다.

④ 일체 대화를 하지 않는다(×) → 일절 대화를 하지 않는다(O): '일체'는 '모든 것을 다'라는 뜻의 부사로 긍정 서술어와 호응한다. 따라서 부정문에서는 '일체' 대신 '아주, 전혀, 절대로'의 뜻을 가지는 '일절'을 써야 한다.

06

정답 해설

ⓔ '구속하다'는 '행동이나 의사의 자유를 제한하거나 속박하다'라는 뜻의 단어로, 그 속에 이미 동작의 대상에게 행위의 효력이 미친다는 의미가 포함되어 있다. 따라서 사동의 뜻을 더하는 접미사 '-시키다'를 결합하는 것은 불필요하다.

오답 분석

① ⓐ '기간'은 '어느 때부터 다른 어느 때까지의 동안'을 나타내고, '동안'은 '어느 한때에서 다른 한때까지 시간의 길이'를 나타내므로 두 단어의 의미가 중복된다. 따라서 '공사하는 동안'으로 고쳐 써야 한다.

② ⓑ '회의를 가지다'는 영어의 'have a meeting'을 직역한 번역 투 문장이다. 따라서 '회의하겠습니다'로 고쳐 써야 한다.

③ ⓒ '열려져'는 '열- + -리- + -어지- + -어'로 구성된 표현으로, 피동 접미사 '-리-'와 '-어지(다)'가 모두 쓰인 이중 피동 표현이다. 따라서 '-어지(다)-'를 삭제하고, '열려'로 고쳐 써야 한다. 혹은 '-리-'를 삭제하고 '열어져'로 고쳐 쓸 수도 있다.

07

정답 해설

앞 절 '금융 당국은 ~ 내다보면서'와 뒤 절 '금융 당국은) ~ 예측하였다'가 이어져 있는 문장으로, 앞 절과 뒤 절의 주어가 '금융 당국'으로 같으므로, 뒤 절의 주어가 생략되어 있는 것이다. 따라서 앞 절과 뒤 절이 두 가지 이상의 움직임이나 사태 등이 동시에 겸하여 있음을 나타내는 연결 어미 '-면서'를 통해 적절하게 연결되어 있다고 할 수 있다.

오답 분석

② 작성 내용의 정정 또는 신청인의 서명이 없는 서류는 무효입니다(×) → 작성 내용의 정정이 있거나 신청인의 서명이 없는 서류는 무효입니다(O): '정정'은 '글자나 글 따위의 잘못을 고쳐서 바로잡음'이라는 뜻의 명사로, 이 문장에서는 '작성 내용의 정정'이 주어로 쓰였다. 따라서 이 주어에 대응하는 서술어를 넣어 '작성 내용의 정정이 있거나'로 고쳐 써야 한다.

③ 12월 중에 ~ 보여집니다(×) → 12월 중에 ~ 보입니다(O): '보여집니다'는 '보- + -이- + -어지- + -ㅂ니다'의 구성으로, 피동 접미사 '-이-'와 '-어지(다)-'가 모두 쓰인 이중 피동 표현이다. 따라서 '-어지(다)'를 삭제하고 '보입니다'로 고쳐 써야 한다.

④ 그의 목표는 ~ 되는 것이었고, 그래서 ~ 쉬지 않았다(×) → 그의 목표는 ~ 되는 것이었기 때문에 그는 ~ 쉬지 않았다(O): 뒤 절의 주어가 생략되어 있고, 앞 절의 주어(그의 목표는)와 같지 않으므로, 뒤 절에 주어 '그는'을 추가해야 한다. 또 앞 절과 뒤 절이 인과 관계로 이어져 있으므로, 근거, 조건 등을 나타내는 '그래서'보다 원인, 까닭 등을 나타내는 '때문에'로 연결하는 것이 자연스럽다.

08

정답 해설

주어 '사고 운전자'와 서술어 '하지 않고', '도주하면', '받습니다'가 모두 적절하게 호응되어 있으며, 서술어 '하지 않고'와 목적어 '구호 조치를', 서술어 '받습니다'와 목적어 '가중 처벌을' 역시 모두 적절하게 호응되어 있는 문장이다.

오답 분석

① 내가 가고 싶은 곳은 ~ 그곳을 방문했다(×) → 내가 가고 싶은 곳은 ~ 방문했던 곳이다(O): '내가 가고 싶은 곳'과 '방문했다'의 호응이 적절하지 않다. 따라서 서술어를 '~곳이다'의 형태로 바꾸어, '내가 가고 싶은 곳은 내 친구가 방문했던 곳이다'로 고쳐 쓸 수 있다.

② 이 시는 토속적인 시어의 사용과 현장감을 높이고 있다(×) → 이 시는 토속적인 시어의 사용으로 현장감을 높이고 있다(O): '토속적인 시어의 사용'은 '현장감을 높이고 있다'의 원인이나 이유가 된다. 따라서 앞 내용과 뒤 내용이 같은 자격이라고 볼 수 없으며 접속 조사 '과'를 쓰는 것은 적절하지 않다. '과'를 '어떤 일의 원인이나 이유를 나타내는 격 조사인 '으로'로 고쳐 써야 한다.

④ 설령 실패했지만(×) → 설령 실패했다 하더라도(O): '가정해서 말하여'라는 뜻의 '설령'은 뒤에 오는 '-다 하더라도'와 호응을 이루는 부사이다. 따라서 '실패했지만'을 '실패했다 하더라도' 혹은 그의 준말인 '실패했더라도'로 고쳐 써야 한다.

p. 58

01	02	03	04	05
④	③	②	②	②
06	07	08	09	10
②	④	②	③	④

01
정답 ④

정답 해설
'부담스럽다'는 주어의 성질이나 상태를 나타내고 있으므로 형용사에 해당한다. 다른 선지는 모두 동사이다.

오답 분석
① '하자'는 '하다'에 청유형 어미 '-자'가 결합한 형태이다. 따라서 이는 동작을 나타내는 동사에 해당한다.
② '가로막다'에 과거 시제 선어말 어미 '-았-'이 결합한 형태이다. 이때 동작을 나타내고 있으므로 '가로막았다'는 동사에 해당한다.
③ '권하다'에 '-ㄴ'이 결합된 형태로 이는 동작을 나타내고 있으므로 '권한다'는 동사에 해당한다.

02
정답 ③

정답 해설
'께서'는 주격 조사로 '아버지께서'는 문장에서 주어의 역할을 하고 있다. 다른 선지들은 모두 목적어이므로 해당 선지가 문장 성분이 다른 하나에 해당한다.

오답 분석
① '핸드폰'은 목적격 조사 '을'이 생략된 것으로 목적어이다.
② '운동도'는 '운동'에 보조사가 결합된 형태로 문장에서 목적어의 역할을 하고 있다.
④ 문맥상 목적어가 분명할 때 목적격 조사는 생략되기도 한다. 따라서 '약'은 뒤에 목적격 조사가 생략된 목적어이다.

03
정답 ②

정답 해설
ⓒ의 안긴 문장인 '그의 수석 사실이 쓰였다.'가 문장에서 관형어의 역할을 하며 '기사'가 생략되었으므로 관계 관형절임을 알 수 있다.

오답 분석
① ⊙의 안긴 문장인 '그가 수석을 했다.'가 관형어의 역할을 하며 문장에서 관형절로 안겨있다.
③ ⊙의 안긴 문장인 '그가 수석을 했다.'에서 생략된 성분이 없고 '했다'는 필수적 부사어를 요구하는 서술어가 아니므로 필수적 부사어가 생략되었다는 설명은 적절하지 않다.
④ ⓒ의 안긴 문장인 '그의 수석 사실이 기사에 쓰였다.'에서 '사실이'라는 주어가 생략되지 않은 채로 존재하고 있다.

04
정답 ②

정답 해설
'멋쟁이, 풋과일, 불개미'는 모두 어근과 접사가 결합해 있는 파생어에 속한다.

오답 분석
① '불호령, 날고기'는 파생어, '불고기'는 합성어이다.
- 불호령: 불-('몹시 심한'의 뜻을 더하는 접사) + 호령(어근, 명사)이 결합한 파생어
- 날고기: 날-(접사) + 고기(어근, 명사)가 결합한 파생어
- 불고기: 불(어근, 명사) + 고기(어근, 명사)가 결합한 합성어
③ '맞선, 절름발이'는 파생어, '젊은이'는 합성어이다.
- 맞선: 맞-(접사) + 선(어근, 명사)이 결합한 파생어
- 절름발이: 절름발(어근, 명사) + -이(접사)가 결합한 파생어
- 젊은이: 젊은(어근, 용언의 관형사형) + 이(어근, 의존명사)가 결합한 합성어
④ '생김새'는 파생어, '틈새, 날개'는 합성어이다.
- 생김새: 생김(어근, 동사) + -새(접사)가 결합한 파생어
- 틈새: 틈(어근, 명사) + 새(어근, 명사)가 결합한 합성어
- 날개: 날(어근, 명사) + 개(어근, 명사)가 결합한 합성어

05
정답 ②

정답 해설
'듯하다'는 보조 용언으로 띄어 쓰는 것이 원칙이다. 또한 '다시없다'는 한 단어이므로 붙여 써야 한다. 따라서 '이런 순간은 인생에 다시없을 듯하다.'가 적절한 띄어쓰기가 적용된 표현이다.

오답 분석
① '척한다'는 보조 용언으로 띄어 쓰는 것이 원칙이지만 붙여 쓰는 것도 허용된다. 따라서 이 문장은 올바른 띄어쓰기가 적용된 문장이다.
③ '상대성 이론'은 전문 용어이므로 단어별로 띄어 쓰는 것을 원칙으로 하되 붙여 쓸 수 있다. 따라서 적절한 띄어쓰기가 적용된 문장이다.
④ '부터'는 조사로 띄어 쓰지 않고 붙여 쓰는 것이 원칙이다. 따라서 적절한 띄어쓰기가 적용된 문장이다.

06
정답 ②

정답 해설
'꺼라'는 '끄- + -어라'이므로 용언의 활용 과정에서 'ㅡ' 탈락이 발생했다. 'ㅡ' 탈락은 용언의 규칙 활용의 예시이다.

오답 분석
① '나았으면'은 '낫다'의 'ㅅ' 불규칙이 적용된 용언의 불규칙 활용의 예시이다.
③ '퍼'는 '푸- + -어'에서 '우' 불규칙이 일어났다. '우' 불규칙은 용언의 불규칙 활용의 예시이다.
④ '눌러'는 '누르- + -어'로 용언의 활용 과정에서 '르' 불규칙이 발생했다. 이는 용언의 불규칙 활용의 예시이다.

07

정답 해설

'국물[궁물]'은 비음화의 예시이지만 '난로[날로]'는 유음화에 해당한다.

오답 분석

① '급류[금뉴]', '담력[담녁]'은 모두 자음과 자음이 만나 비음화가 일어난 비음화의 예시에 해당한다.

② '맏며느리[만며느리]', '앞날[암날]'은 모두 자음과 자음이 만나 비음화가 일어난 비음화의 예시에 해당한다.

③ '백로[뱅노]', '독립[동닙]'은 모두 자음과 자음이 만나 비음화가 일어난 비음화의 예시에 해당한다.

08

정답 해설

높여야 할 대상의 소유물인 '펜'을 선어말 어미 '-으시-'를 통해 높여주고 있다. 따라서 이는 간접 높임에 해당한다.

오답 분석

① 조사 '께서'와 선어말 어미 '-시-'를 통해 주체를 직접 높이는 주체 직접 높임법이 적용되고 있다.

③ 문장의 객체인 '할머니'를 높이고 있는 표현인 '모시고'를 사용하고 있다. 따라서 이는 객체 높임법에 해당한다.

④ '-요'를 통해 말을 듣는 상대방을 높이는 상대 높임법(해요체)이 사용되고 있다.

09

정답 해설

끝소리가 'ㄹ'인 말과 딴말이 어울릴 적에 'ㄹ' 소리가 나지 아니하는 것은 아니 나는 대로 적으므로 '쌀전'이 아닌 '싸전'이 적절한 한글 맞춤법 표기이다. '마소'는 '말'과 '소'의 합성어로 끝소리가 'ㄹ'인 말과 딴말이 울릴 적에 'ㄹ'소리가 나지 아니하는 것은 나는 대로 적으므로, 'ㄹ'이 탈락하여 '마소'가 된다. '다달이' 역시 '달 + 달 + -이'의 형태로 'ㄹ'이 탈락하여 '다달이'가 된다.

오답 분석

① '버티었다', '치이었다', '견디었다'는 모두 'ㅣ' 뒤에 '어'가 와서 'ㅕ'로 바뀐 준말이므로, 이들은 모두 준말의 형태로 적는 것이 적절하다.

② 끝소리가 'ㄹ'인 말과 딴말이 어울릴 적이 'ㄹ' 소리가 'ㄷ' 소리로 나는 것은 'ㄷ'으로 적는 것이 적절하다. 따라서 '섣달', '숟가락', '사흗날'은 한글 맞춤법에 적절한 표현이다.

④ '훗일'과 '툇마루'는 첫소리 앞에서 'ㄴ'이나 'ㄴ ㄴ' 소리가 덧나는 경우이므로 사이시옷을 표기한다. '숫자'는 두 음절로 된 한자어이지만 사이시옷을 표기하는 것이 원칙이다.

10

정답 해설

해당 문장은 목적어와 서술어가 올바르게 호응하고 있지 않다. '짐'은 '싣고', '사람'은 '태우고'가 적절하므로 '이 차는 짐을 싣고 사람을 태우고 한참을 달렸다.'가 적절한 표현이다.

오답 분석

① '중요한 것'과 '~것이다'의 주어와 서술어가 서로 잘 호응하여 사용되고 있다.

② '비단'은 '아니다'의 서술어와 서로 호응되므로 해당 문장은 문장 성분이 잘 호응된 문장이다.

③ '모름지기'는 '해야 한다'의 서술어와 호응되므로 해당 문장은 적절한 호응 관계를 갖는다.

p. 60

01	02	03	04	05
②	④	②	①	②
06	07	08	09	10
③	④	①	②	②

01

정답 ②

정답 해설

'열'은 뒤에 있는 의존 명사인 '명'을 꾸며주는 수 관형사에 해당한다. 다른 선지들은 모두 수사이다.

오답 분석

① '하나'는 수량을 나타내는 양수사에 해당한다. 이들은 체언으로서 조사와 결합이 가능하다.

③ '열일곱' 뒤에 서술격 조사인 '이다'가 결합하여 쓰이므로 이는 수량을 나타내는 수사에 해당한다.

④ '여섯' 뒤에 서술격 조사인 '이다'가 결합하여 쓰이므로 '다섯'은 체언인 수사에 해당한다.

02

정답 ④

정답 해설

'상상에서'는 문장에서 부사어의 역할을 하고 있다. 이때 '상상에서'는 필수적 부사어이지만, 부사어는 문장의 부속 성분에 해당한다.

오답 분석

① '키가 크다'는 문장에서 서술어의 역할을 하고 있는 서술절에 해당한다. 서술어는 문장의 주성분에 해당한다.

② '인간이'는 문장에서 '아니다'가 필수적으로 요구하는 보어의 역할을 하고 있다. 보어는 문장의 주성분에 해당한다.

③ '학교에서'는 주격 조사 '에서'가 사용되어 문장에서 주어의 역할을 하고 있다. 주어는 문장의 주성분에 해당한다.

03

정답 ②

정답 해설

'-지만'을 기준으로 앞 절과 뒤 절이 서로 대조적으로 연결된 대등하게 이어지고 있는 문장이다.

오답 분석

① '-거든'은 조건을 나타내는 종속적 연결 어미로, 앞 절과 뒤 절을 종속적인 관계로 이어주고 있다.

③ '-자마자'는 시간 순서를 나타내는 종속적 연결 어미로, 앞 절과 뒤 절을 종속적인 관계로 이어주고 있다.

④ '-는데'는 상황을 나타내는 종속적 연결 어미로, 앞 절과 뒤 절을 종속적인 관계로 이어주고 있다.

04

정답 ①

정답 해설

'살코기, 그만두다, 새해'는 모두 어근과 어근이 결합한 합성어이다.

• 살코기: 살(어근, 명사) + 고기(어근, 명사)가 결합한 합성어

• 그만두다: 그만(어근, 부사) + 두다(어근, 동사)가 결합한 합성어

• 새해: 새(어근, 관형사) + 해(어근, 명사)가 결합한 합성어

오답 분석

② '김치찌개, 부슬비'는 합성어, '슬픔'은 파생어이다.

• 김치찌개: 김치(어근, 명사) + 찌개(어근, 명사)가 결합한 합성어

• 부슬비: 부슬(어근, 부사) + 비(어근, 명사)가 결합한 합성어

• 슬픔: 슬프-(어근, 용언의 어간) + -ㅁ(명사 파생 접사)이 결합한 파생어

③ '오가다'는 합성어, '치솟다, 참깨'는 파생어이다.

• 치솟다: 치-(접사) + 솟다(어근, 동사)가 결합한 파생어

• 참깨: 참-(접사) + 깨(어근, 명사)가 결합한 파생어

• 오가다: 오-(어근, 동사 '오다' 어간) + 가다(어근, 동사)가 결합한 합성어

④ '소나무, 나가다'는 합성어, '시동생'은 파생어이다.

• 시동생: 시-(접사) + 동생(어근, 명사)이 결합한 파생어

• 소나무: 솔(어근, 명사) + 나무(어근, 명사)가 결합한 합성어

• 나가다: 나-(어근, 용언의 어간) + 가다(어근, 동사)가 결합한 합성어

05

정답 ②

정답 해설

개수와 그에 따른 단위성 의존 명사는 띄어쓰기를 해야 한다. 그러므로 '소주 한병'은 '소주 한 병'으로 띄어 쓰는 것이 적절하다.

오답 분석

① 단음절로 된 단어가 연이어 나타날 때는 띄어 쓰는 것이 원칙이므로 적절한 띄어쓰기가 적용되었다.

③ '더 못 가'는 의미적으로 이어지는 단어가 아니므로 서로 띄어 쓰는 것이 원칙이다.

④ '버렸다'는 보조 용언으로 띄어 쓰는 것이 원칙이지만 붙여 쓰는 것도 허용된다.

06

정답 ③

정답 해설

'이르러'는 '이르- + -어'의 형태로 용언의 활용 과정에서 '러' 불규칙이 적용된 용언의 불규칙 활용에 해당한다.

오답 분석

① '조니'는 '졸- +-니'의 용언의 활용 과정에서 'ㄹ' 탈락이 발생한 예시이다. 'ㄹ' 탈락은 용언의 규칙 활용에 해당한다.

② '벗어'는 '벗- + -어'의 활용형으로 용언의 활용 과정에서 아무런 탈락 없이 사용되었다. 이는 용언의 규칙 활용에 해당한다.

④ '치러'는 '치르- + -어'의 활용에서 'ㅡ' 탈락이 발생했다. 'ㅡ' 탈락은 용언의 규칙 활용의 예시에 해당한다.

정답 해설
'깎다'는 음절의 끝소리 규칙과 된소리되기 현상에 의해 [깍따]로 발음하는
것이 적절하다. '있다'는 음절의 끝소리 규칙과 된소리되기 현상에 의해
[읻따]로 발음하는 것이 적절하다.

오답 분석
① '닿다'는 'ㅎ'과 'ㄷ'이 만나 자음의 축약이 일어나서 [다타]라고 발음된
　다. '할 적'은 관형사형 전성 어미 'ㄹ' 뒤에 된소리가 나와서 된소리되기
　현상에 의해서 [할 쩍]으로 발음한다.
② '활성'은 한자어 받침 'ㄹ'뒤에 'ㅅ'이 오므로 된소리되기 현상에 의해 [활
　썽]으로 발음한다. 봄바람은 사이시옷 현상에 의해 [봄빠람]으로 발음
　된다.
③ '십리'는 비음화 현상에 의해서 [심니]로 발음된다. '권리'는 유음화 현상
　에 의해서 [궐리]로 발음된다.

정답 해설
'드리다'라는 높임의 특수 어휘가 사용되고 있으므로 이는 신문을 받는 객
체를 높이기 위한 표현으로 객체 높임법에 해당한다.

오답 분석
② 주체 높임 조사 '께서'와 선어말 어미 '-시-'가 문장의 주어인 삼촌을 높
　이기 위해 사용된다. 이때 '삼촌'은 문장의 주어임으로 주체 높임이
　사용된 문장에 해당한다.
③ '하는군요'는 비격식체 중에 해요체에 해당하는 형식으로 이는 상대방
　을 높이는 표현이다. 따라서 상대 높임법이 사용된 문장에 해당한다.
④ 문장의 주어인 '할머니'를 높이기 위해 직접 높임법과 간접 높임법이 사
　용되었다. 따라서 이는 주체 높임법이 사용된 문장에 해당한다.

정답 해설
추스르는(x) → 추스른(O): '추스르다'는 어간의 받침이 없는 단어로 관형
사형 전성 어미와 결합하는 경우 '-는'이 아니라 '-ㄴ'이 결합되어 '추스
른'이 되어야 한다.

오답 분석
① '패어'는 '파이어'의 준말로 한글 맞춤법 제34항에 따라 적절한 표기법
　이다.
③ '섰다'는 '서 + -었다'이므로 모음 '어'로 끝난 어간에 '-었'이 어울릴 적에
　는 준 대로 적는 것이 원칙이므로 적절한 표현이다.
④ '봬서'는 '뵈어서'의 준말이다. 'ㅚ' 뒤에 '어'가 어울려 'ㅙ'가 될 적에는 준
　대로 적는 것이 원칙이므로 이는 적절한 표현이다.

정답 해설
'예견'은 '어떤 일이 있기 전에 미리 앎'이라는 뜻을 갖고 있다. 따라서 '예견
된'은 단어의 의미 중복 없이 잘 사용되었다.

오답 분석
① '상의하다'는 '서로 의논하다'의 의미를 갖고 있으므로 '서로'라는 동일
　한 의미가 중복되어 두 번 사용되었다. 따라서 두 단어 중 하나만 사용
　하는 것이 적절하다.
③ '입사'는 '회사에 취직이 되어 들어감'이라는 뜻으로 단어 '회사'의 의미
　중복이 발생했다. '입사했다'만 사용하는 것이 적절하다.
④ '방치'는 '그대로 버려둠'의 의미로 '두었다'와 중복된 의미의 단어가 사
　용되었다. '방치했다'라고 쓰는 것이 적절하다.

p. 62

01	02	03	04	05
②	③	①	③	②
06	07	08	09	10
②	④	④	①	②

01
정답 ②

정답 해설

'은'은 보어 자리에 사용되었지만 '주인'을 문장에서 보어 역할을 할 수 있게 도와주는 것이 아닌, '보조사'로 사용되고 있다. 다른 선지들은 모두 격 조사이므로 조사의 종류가 다른 하나는 해당 선지이다.

오답 분석

① '에서'는 '기숙사'에 결합하여 문장에서 부사 역할을 할 수 있도록 해주는 역할을 하는 '격 조사'에 해당한다.

③ '이'는 '어른'에 결합하여 문장에서 보어의 역할을 할 수 있도록 해주는 '격 조사'에 해당한다.

④ '께서'는 '아버지'를 문장의 주어 역할을 할 수 있도록 해주는 '격 조사'에 해당한다.

02
정답 ③

정답 해설

'보냈다'의 필수적 문장 성분은 '부장님이', '나에게', '메일을'이므로 '보냈다'는 세 자리 서술어에 해당한다. 다른 선지들은 두 자리 서술어이므로 서술어의 자릿수가 다른 하나에 해당한다.

오답 분석

① '봤다'의 필수적 문장 성분은 '나는', '영화를'이므로 두 자리 서술어에 해당한다.

② '닮다'의 필수적 문장 성분은 '상표는', '상표와'이므로 두 자리 서술어에 해당한다.

④ '다르다'의 필수적 문장성분은 '방식은', '나와는'이므로 두 자리 서술어에 해당한다.

03
정답 ①

정답 해설

'학생이 성장하는 속도'는 문장에서 부사어의 기능을 하고 있으므로 이는 부사절이 안긴 문장에 해당한다. 따라서 안긴 문장의 종류가 다른 하나는 ①번이다.

오답 분석

② '그가 눈치가 없음'은 문장에서 주어의 기능을 하고 있으므로 이는 명사절이 안긴 문장에 해당한다.

③ '네 꿈이 이루어지기'는 문장에서 목적어의 기능을 하고 있으므로 이는 명사절이 안긴 문장에 해당한다.

④ '그 정책이 성공할 것이냐'는 문장에서 주어의 기능을 하고 있으므로 이는 명사절이 안긴 문장에 해당한다.

04
정답 ③

정답 해설

'높푸르다'와 '보살피다'는 연결 어미가 생략된 비통사적 합성어에 해당하고, '감발'은 관형사형 어미가 생략된 비통사적 합성어에 해당한다.

오답 분석

① '알아보다'와 '힘쓰다'는 각각 연결 어미로 이어진 경우와 조사를 생략한 경우이므로 통사적 합성어에 해당한다. '접칼'은 관형사형 어미를 생략한 비통사적 합성어이다.

② '주사기'는 어근과 접사가 결합한 파생어에 해당한다. '열쇠'는 관형어와 체언으로 구성된 통사적 합성어이다. '날뛰다'는 연결 어미가 생략된 비통사적 합성어이다.

④ '치받다'는 어근과 접사가 결합한 파생어에 해당한다. '등산'은 우리말 어순이 아닌 한자 어순의 비통사적 합성어이고, '산들바람'은 부사와 명사로 구성된 비통사적 합성어이다.

05
정답 ②

정답 해설

의존 명사는 띄어 쓰는 것이 원칙이므로, 의존 명사 '바'는 앞말과 띄어서 사용한다.

오답 분석

① '사과하기는 커녕'은 어미 뒤에 조사 '커녕'이 결합한 형태로, 조사는 자립성이 없기 때문에 그 앞말에 붙여 쓴다. 따라서 '사과하기는커녕'이 적절하다.

③ 단위를 나타내는 명사 '살'은 띄어 쓰는 것이 원칙이므로 '열 살밖에'가 적절한 띄어쓰기 표현이다.

④ 단어를 열거할 때에는 '등'을 띄어서 사용하므로 '포도, 망고 등이 있다'가 적절한 표현이다.

06
정답 ②

정답 해설

'동그래'는 '동그랗- + -아'의 활용에서 'ㅎ' 불규칙이 발생한 용언의 불규칙 활용의 예시에 해당한다. 참고로 어간 끝 받침 'ㅎ' 뒤에 '-아/-어'가 결합하면 '-애/-에'로 나타나기 때문에 '동그래'가 된다.

오답 분석

① '따라'는 '따르- + -아'의 활용에서 'ㅡ' 탈락이 발생한 용언의 규칙 활용의 예시에 해당한다.

③ '들러'는 '들르- + -어'의 활용에서 'ㅡ' 탈락이 발생한 용언의 규칙 활용의 예시에 해당한다.

④ '좁아서'는 '좁- + -아서'의 활용형이므로 어간이나 어미가 탈락하지 않고 그대로 사용된 용언의 규칙 활용의 예시에 해당한다.

07

정답 ④

정답 해설

'맑고'에서 용언의 어간 '맑-'의 받침 'ㄺ'은 'ㄱ' 앞에서 [ㄹ]로 발음하므로 '맑고[말꼬]라고 표기하는 것이 적절하다.

오답 분석

① '끝이'는 구개음화 현상에 의해서 'ㅌ'이 'ㅣ' 모음을 만나 구개음인 'ㅊ'으로 소리 난다. 따라서 [끄치]라고 발음하는 것이 적절하다.

② '할 일'은 접두사의 끝이 자음으로 끝나고 뒤에 'ㅣ'가 따라올 때 ㄴ 첨가가 발생한 예시로 '할 일[할 릴]'이라고 표기하는 것이 적절하다.

③ '피어'는 모음으로 끝나는 형태소 뒤에 단모음으로 시작하는 형태소가 올 때 반모음 'ㅣ'가 덧붙는 반모음 첨가 현상이 일어나므로 [피여/피어]가 올바른 발음법이다.

08

정답 ④

정답 해설

'~요'는 상대 높임법 중 비격식체인 해요체에 해당한다.

오답 분석

① 객체인 '부모님'을 높이는 표현인 조사 '께'가 사용되어 객체 높임을 실현하고 있다.

② 객체인 '부모님'을 높이기 위한 특수 어휘인 '드리려고'가 사용되고 있다. 따라서 이를 통해 객체 높임법이 사용된다.

③ 간접 높임은 주어의 신체 일부 또는 부속물을 높이는 방법으로, 해당 문장에서는 사용되고 있지 않다.

09

정답 ①

정답 해설

'전셋집'은 순우리말과 한자어로 된 합성어로 앞말이 모음으로 끝나고 뒷말의 첫소리가 된소리이므로 사이시옷을 사용하여 '전셋집'이라고 표기하므로 올바른 문장이다.

오답 분석

② '비물'은 합성어이면서 뒷말의 첫소리 'ㅁ' 앞에서 'ㄴ' 소리가 덧나는 경우이므로 사이시옷을 추가하여 '빗물'이라고 쓰는 것이 적절하다.

③ '소나무과'는 생물 분류학상의 단위인 '과가 결합한 말로, 고유어와 합성어가 결합한 합성어이므로 사이시옷이 표기되어 '소나뭇과'라고 하는 것이 적절하다.

④ '만두국'은 합성어이면서 뒷말의 첫소리가 된소리로 발음되므로 사이시옷을 사용하여 '만둣국'이라고 적는 것이 적절하다.

10

정답 ②

정답 해설

여러 뜻을 가진 형태가 같은 단어에 의해 발생하는 중의성은 발견되지 않는다.

오답 분석

① '내가 싫어하는 짝꿍'인지 '내가 싫어하는 동생'인지에 대해 수식 관계의 차이가 발생해서 문장에서 중의성이 생긴다.

③ '바지를 입고 있다'가 진행인지 결과인지에 대해 명확하지 않아 중의성이 존재한다.

④ 주어는 '동생이'이고, 서술어는 '입고 있다'이다. '동생'이 바지를 '입는' 것이므로 주어와 서술어의 호응이 적절하다.